動画でわかる！
誰でもカンタン
楽ちん着付け

Takahashi Kazue
髙橋和江
たかはしきもの工房

河出書房新社

もくじ

第1章 ここちよく楽しむ日常きもの ……5

自然な着姿が日常きものの魅力 ……6

たかはしスタイル的
日常きものの着付けポイント ……7

きものは、ふたつに分けて考えましょう ……8

きもの美人の極意BEST6

- 土台作り（補整）が、大切 ……10
- 理想の胸元は、まんなかハト胸 ……11
- 骨盤をたてる　体の凸凹をなくす ……12
- 胸ひもは「締める」ではなく、「あてていく」 ……13
- 生地目を意識する ……14
- 布の摩擦を考える ……15

骨盤がたつと着姿も変わる！
きものと骨盤のヒミツBEST5 ……16

コラム
「骨盤がたつ」に効果的なストレッチ ……18

第2章 土台（補整）を極める ……19

そもそも、どうしても補整は必要ですか？
補整は絶対ではありません ……20

胸元の補整
「つぶす」のではなく、「寄せてあげる」 ……22

和装ブラのつけ方 ……23

胸元の補整
お悩みいろいろ ……24

腰まわりの補整
目指すは〝茶筒〟ライン＆骨盤 ……26

ウエストパッドのつけ方 ……27

補整のあるなしで、着姿は変わります！ ……28

日常的にきものを楽しむ着付けに
必要なもの ……29

コラム
体はすべて滑り台
みーんな、細いところへ滑り込む！ ……30

第3章 日常きものの着付け……31

きものを着る前に、ちょこっと準備……32
どうする？ 半衿……33
着付けの時、目線は〝鏡〟……34
着付ける時のワンポイント……35
きもの美人への第一歩
肌着のつけ方……36—裾よけのつけ方……37
長襦袢を着る……38
うそつき衿＋うそつき袖……40
きものの着方
前を打ち合わせる……42—裾を決める……43—
腰ひもをかける……44—背中心を決める……45—
おはしょりを整える……46
帯結び（名古屋帯）
手先を肩にかける……48—
キュッと締めつつ、ふた巻き……49—
手先をとめる……50—帯枕を入れる……51—
お太鼓をのせる……52—
帯枕の下、お太鼓の中を整える……53—
帯揚げ……54—お太鼓の形を決める……56—
帯締め……57
帯にもいろいろありまして……59
帯結び（袋帯）二重太鼓……60
半幅帯の結び方
変わり矢の字……62
カンタン花結び……64
あなたの着くずれ一発解消！……66
コラム
季節のとり入れ方は、少しずつ……70

第4章 見返りきもの美人……71

教えて女将！ 帰ってきたら、どうしてる？……72
きもの収納ダイジェスト……74
和装にオススメ♪ 大人女子のまとめ髪……76
まず、自分サイズを把握しましょう……78

日常きものを楽しむ着付け「たかはしスタイル」について

きものの世界に引きずり込まれた時から、数えきれないほどのフラストレーションを抱えてきました。たかはしきもの工房がある程度受け入れられていることなど、思いを昇華させたといえることもありますが、基本、今でもその感情は変わらず持ち続けています。

　なぜなら、あまりにもきものに対する世の中のバイアスが強くて、なかなかなくならないからです。

　きものはかくあるべし、という空気。または、そんなものだよと決めつける空気。昔からこうなんだよと変えてはいけない空気。とくに地方において、それらは根強く残っています。

　ですが、そのバイアスがなくならない一方で、次の新たなきものの世界がそこまで来ていると感じます。きものに対するリスペクトはそのままに、もっと気軽だったり、おしゃれを重視したり、自分なりの表現として日常的にきものを楽しもうとする時代が、ようやくはっきり見えてきたと感じています。これに拍車をかけたいと切に願って、日常的に気軽に着られてここちいい、「たかはしスタイル」という着方を謳っていこうと決意しました。

　たかはしの着付けの技法とコンセプトが皆さんのお役に立ちますように。

　そして、街にきもの姿があふれますように。

たかはしきもの工房　代表
髙橋和江

たかはしスタイル　着方教室

時短できれい、なにより、ここちいいをめざすことが、たかはしスタイルです。
日常的にきものを楽しむ事を最優先に考えたメソッドです。

- かならず鏡を通して着姿を確認すること。
- 時短で着る「めざせ！15分できもの美人」
- 手順や道具は、できるだけ少なく。でも美しい着姿。
- 長時間着ていても、「ここちいい着付け」
- 着くずれても簡単に手直しできるから、いつでもキレイ。

詳しくは、コチラへ！

第1章
ここちよく楽しむ日常きもの

なんといっても、ここちいい!!
その上、おしゃれを満喫できるのですから、
きものを着ない手はありません。
苦しさや面倒から解き放たれるところから、
日常きものがはじまります。

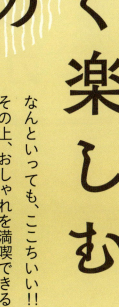

第1章　ここちよく楽しむ日常きもの

自然な着姿が日常きものの魅力

シワひとつない完璧な着付けではなく、
手を上げ下げしてできるシワもあって当たり前。
着ている本人が着ごこちよく、
毎日でも、楽にきものを着ていられる、
そんな着付けなら、日常的にきものを楽しめます。

洋服を選ぶ感覚で、
きものでちょっとお出かけ。

この本でお伝えする着付けは、日常的に楽しむためのきものの着付けです。苦しいとか、大変というイメージのきものから、着ていて「ここちいい」と感じられて、毎日でも着ていたいと思える、そんなきものの着付けをめざしたのが「たかはしスタイル」です。

たかはしスタイル的

日常きものの着付けポイント

たかはしスタイルの着付けに関するポイントを5つにまとめました。

時短できれい、なにより「ここちいい」をめざします

だって日常きものなんですから。

着付けに1時間もかかったり、ひもでギューッと締めつけたりでは日々の暮らしの中で楽しめるでしょうか。たかはしスタイルの着付けは、1回でも1枚でも多くきものを楽しんでほしいという願いから生まれたメソッドです。

胸元を一切締めつけない

胸ひもも伊達締めも省き、いっさい胸元を締めつけません。それでも衿はくずれないし、お太鼓も落ちることはありません。

補整で腰まわりのお肉を持ち上げつつ、「骨盤をたてる」

お尻が小さく見える、お腹まわりもスッキリとする着付けです。

しかもその補整で「骨盤がたつ」のです。

姿勢が整うことで着姿も劇的に変わります!

だから長時間着ていてここちいい

生地の力を最大限に利用して、苦しくない姿勢がよくなる着付けをめざします。

経《たて》糸の力、緯《よこ》糸の力を意識しつつ、摩擦力も味方につけます。

線であてるのか、面であてるのか、また布が持つ力のかかり方、伝わり方を考えた着付けは、生地が自然と体に寄り添い、ストレスを感じません。

着くずれても、すぐ直せます

着くずれることを恐れるなかれ。

体に布を密着させているのですから、動けば布も動きます。絶対に着くずれないなんて無駄なことはめざしません。

いかに簡単に直せるか、そこが重要です。

15分できもの美人

手慣れてしまえば、下着から着付け完了まで15分程度というのは大げさではありません。朝ドラを見ながら着付けも完了!　それくらい時短な着付けなんです。

きものは、ふたつに分けて考えましょう

相手を第一に考えたきもの

礼装などの

しきたりきもの

慶びや礼節の気持ちを表わす

格を重んじる（きもの、帯の格）

素材や仕立てなど、無理のない範囲でセオリーに沿う

相手に対して失礼にあたらないように考える

集うみなさんとテイストを合わせる

紋付

一つ紋、三つ紋、最上級の五つ紋。

帯

袋帯が基本です。

小物も大事

襦袢、半衿、帯揚げ、帯締めなどは、できるだけ白または白に近い色味を選びます。

自分らしさを楽しむきもの

日常きもの

本書では日常着物の着付けを
軸として紹介します

絶対的な
ルールはない。

自分の
「ここちよさ」が一番!
「楽しさ」が一番!

省けるものは
省いて
できるだけ
楽ちんに♪

季節感は、
夏物を冬に着ない、
という程度でOK!

ファッションとして
楽しむきもの

約束事より、
自分の感覚を大切に
してください。

裾

日常着の代表、紬や木綿などでは動きやすさを優先するなら裄も身丈も少し短く。

袖

あらたまった場所でなければ、きものの下は筒袖が楽ちんです。

半衿

レースやお好みの端切れなどで、自分らしい半衿を。

※筒袖とは、腕が3本入るくらいの幅がある筒状の七分丈の袖。

きもの美人の極意BEST6

きものが似合っていて素敵だな、と思う方、
いらっしゃいますよね。
きもの美人に見える着付けの極意ベスト6をセレクトしました。

1 土台（補整）作りが、大切

土台となる
肌着と補整をきちんと整えると、
きものが楽に、早く着付けられます。

どんな建物でも、基礎となる土台が大切です。きものも同じ。土台となる肌着や補整がしっくりきていないと、表面のきものだけキレイには着られないものです。

まず、自分の体の特徴、サイズをきちんと知ること。

そして、足りなければ補整で補い、余るところは上手に活かす。また、どんな肌着だったら、自分はここちよく着ていられるんだろう。そんなことを、ひとつひとつ見つめていきましょう。

2 理想の胸元は、まんなかハト胸

首元から帯にかけて、ふっくらなだらかな曲線がひと続きの丘のようになっていると美しいです。

たかはしキーワード
寄せてあげる

きものを着る時は、胸をつぶす。これは長年の定番でした。さらしでギューギュー巻いてつぶす、なんて時代もありました。でも、つぶしたら、両脇にお肉が流れ、正面から見たときに太って見えるばかりではなく肩幅も広く見えてしまいます。

たかはしスタイルでは、あごの下に向かって両胸を寄せてあげます。ふたつの島をひとつにすることで、胸元は若々しくふんわり、スッキリ。肩まわりの凹みも補われます。衿がきものにもぐり込むこともなくなります。

Before

タンクトップ型和装ブラのみ着用。胸元が、のっぺりとしています。

After

肩下と両胸のセンター下に部分補整用パッドを入れました。まんなかに向かって、ふっくらとした胸元に。

補整は必要最低限

3 骨盤をたてる　体の凸凹をなくす

「骨盤がたつ」とは？

「骨盤がたつ」というのは、体の中心軸に対して骨盤が垂直にたつことです。

骨盤は全身の骨格に連動しているので、骨盤がきちんとたつことで自然と背筋もまっすぐ伸び、姿勢が整います。

腰まわりの補整をするウエストパッドや裾よけで、腰からお腹にかけて、引き締め＆ホールドすることで骨盤をたてます。

この図を見て、自分は正しい姿勢かどうか検証してみてください。骨盤が開く、または腰が反るなどは、腰まわりの筋肉の衰えやバランスのくずれ、関節や筋肉が固くなることで起こります。腰痛、肩こり、頭痛、股関節痛、膝痛など様々な不調にもつながります。シワが入るだけでなく、生地にゆがみが生じます。

また、ひもや帯などは一番細いところに滑り上がるので、着くずれの原因にもなります。

「骨盤がたつ」

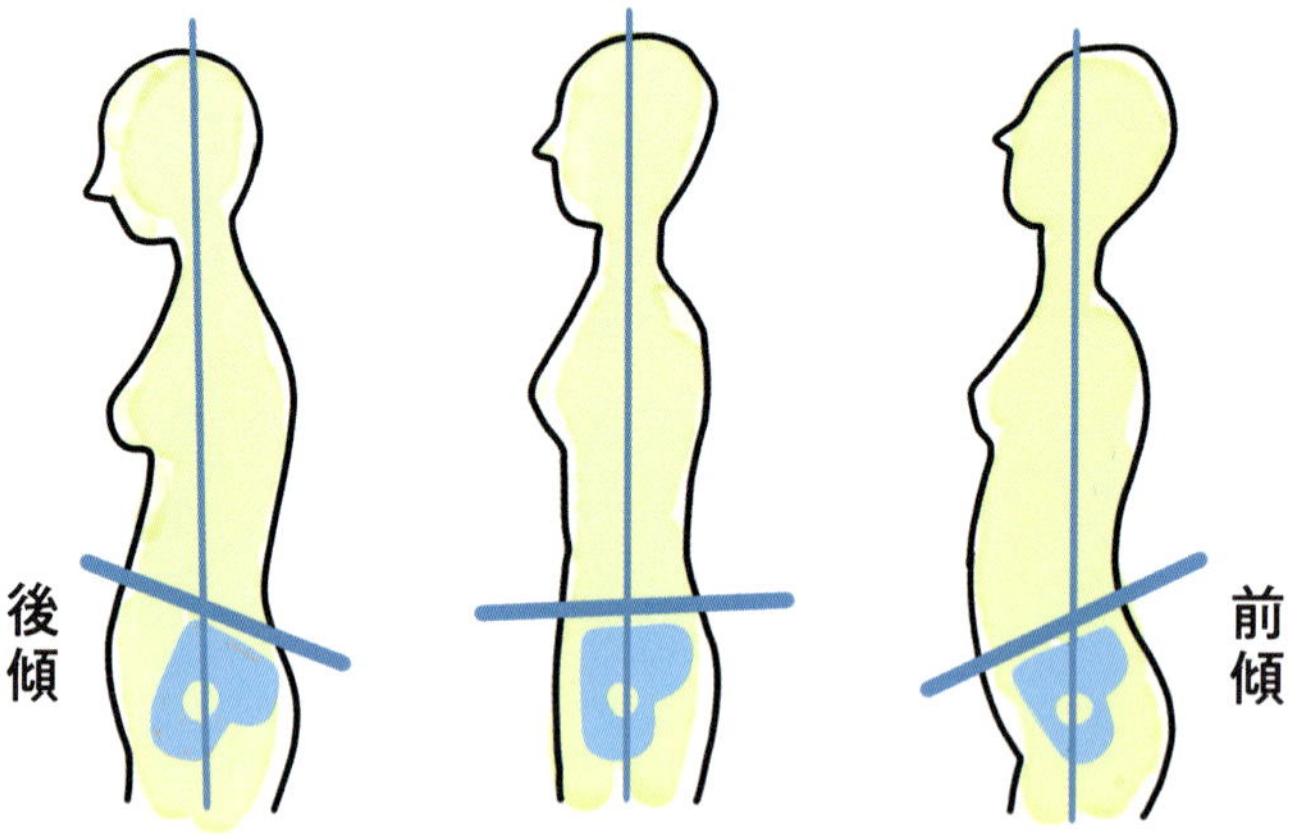

たかはしキーワード
骨盤をたてる

体の凹凸をなくすとは？

今までの補整は、凸のところに高さを合わせるために、凹のところに何かを追加していくというものでした。

たかはしスタイルでの補整は、自分の体についていて動くもの、つまり乳房や脂肪を動かして利用し、それでも足りないところだけパッドなどで補います。つまり、少ない補整で済むのです。

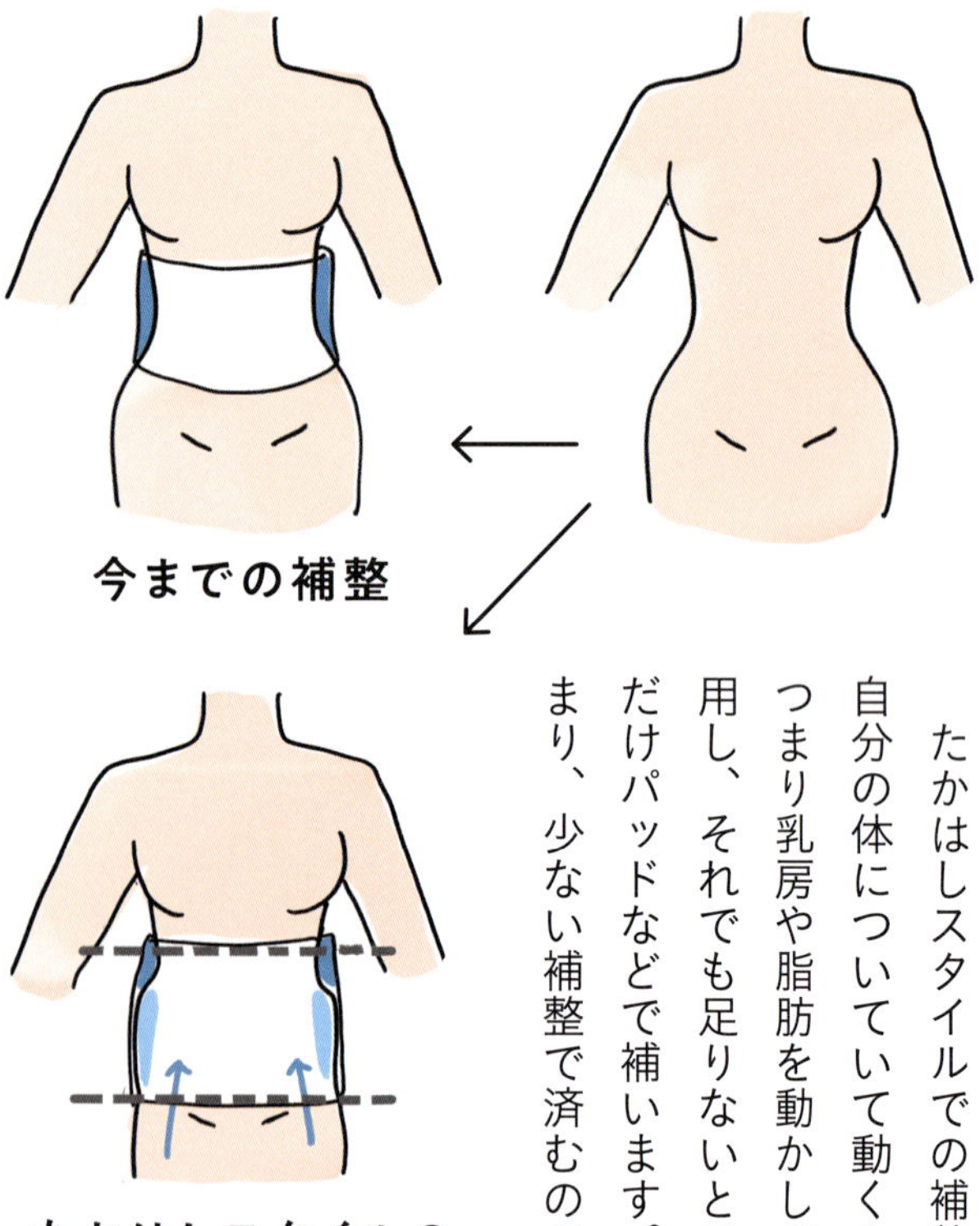

たかはしスタイルの補整

4 胸ひもは「締める」ではなく、「あてていく」

着付けで使うひもは、体にあたるくらいの力加減で肋骨より下に締めます。息苦しくなるほど締めあげる必要はないんです。コーリンベルトを使う時は、指1~2本入るくらいの締め具合に長さを調整します。ゆるゆるすぎては意味がありません。逆に強すぎると衿を強く引きすぎるため、衿元が詰まる原因につながります。

肋骨にひもや金具はあてない。ひもは「線」ではなく「面」であてる。理屈がわかれば、納得です。

たかはしキーワード

面であてる

ひもは、“線”ではなく、“面”で押さえるイメージ!

くちゃくちゃに丸まったままのひもを使っていませんか？ それでは、ひもの力が“線”でしか伝わらず、布の力を存分に発揮できません。ひもの“面”全体の力をしっかりと伝えることで、押さえる力がきちんと働きます。

5 生地目を意識する

経《たて》糸と緯《よこ》糸
そのあてかたを意識する
生地目のゆがみは、着くずれを招く

たかはしキーワード
布目の力

織目がタテヨコ直角に交わっている状態だと力が均一にかかりますが、斜めにゆがんだ状態だと力は部分的にしか伝わりません。ゆがんだ状態のものは直角の状態に戻ろうとする性質があるので、生地のたわみ、ツレなどが生じます。

生地に伝わる力は、つかみ方ひとつでも変わります。生地目が整った着付けをすることで力が正しく伝わり、生地が自然と体に吸いつき、美しく着ることができます。

斜めに引っぱられた生地目

経糸と緯糸が直角の状態

6 布の摩擦を考える

布、とくに絹や綿などの天然繊維には摩擦力があります。生地と生地がどのように触れ合ったり、重なったりするのかを考えてみてください。摩擦をどのように利用して体に生地を添わせるのか、きちんと理解しましょう。

たかはしキーワード
布の摩擦

体から離してから真下に引きおろす

上前をかぶせる時には、いったん布を体から離してから真下に引きおろすと布の摩擦力で体に吸いつくようになります。浴衣など木綿はとくにその必要があります。

裾を決める時は一度、体から離す

生地の摩擦力は意外と大きいものです。袷きものの裏地と表地の添いのためにも、えもん抜きを巻き込まないためにも、裾を決める時には一度、体から布を離しましょう。

横に引きずるのはNG

生地を動かす時、重ねる時に、生地を引きずるように動かすと摩擦力が働き、生地は重ねる前の位置に戻ろうとします。

摩擦でとめる

胸ひもや伊達締めは、その面積分の摩擦力を持っています。ほどよい力であてることで、その摩擦力で布をしっかり押さえてくれます。

骨盤がたつと着姿も変わる！ きものと骨盤のヒミツ BEST5

骨盤がたつと、具体的に、どんなメリットがあるのかをまとめてみました。

1

すっきり 細見え効果！

骨盤をたてて腰まわりを引き締めるために、ちょうど男性の角帯を締める位置（腰骨の位置）で締めるのです。それによりキュッとしまった腰まわりとなり、細見え効果絶大です！

2

着くずれしない

腰まわりを引き締めながら、余分なお肉を持ち上げることで体の凹凸が減ります。その結果、立ち座りの動きでも帯まわりや下腹が安定しているため、着くずれが起きにくくなります。

3 ちょっと背も高く見える

骨盤がたつと、頭のてっぺんからまっすぐ上に引っ張られる感じになるので、背筋が伸び、スッとしたタテのラインが美しく見えます。

5

腰の補整で体幹を鍛える!?

帯を締めることで腰が支えられて腰痛が楽になるとよく聞きます。

腰痛を緩和するための骨盤矯正ベルトは骨盤のところ、つまり帯の位置より少し下につけます。骨盤をたてるために補整するウエストパッドは腰まわりとウエストを支えます。まさに骨盤矯正ベルトを巻く位置と同じなのです。

伸びないからいい?

一般的な骨盤矯正ベルトは伸縮性があるので、使い続けることで体を甘やかし筋力を落とすため、腰が痛い時だけの補助具として使用することをご存知でしたか? 伸びないもので締めている場合、腹囲が脹らむような姿勢を取ろうとするといささか苦しいため、姿勢をたたせていた方が楽だという現象が起きます。これが気づかないうちに体幹を鍛えることになります。

4 長時間、着ていても疲れない

骨盤を本来の正しい位置でしっかりサポートすることで、腰が安定します。長時間、きものを着ていても着疲れすることなく、むしろ体幹が整うようで、気持ちよくきものを着続けられます。

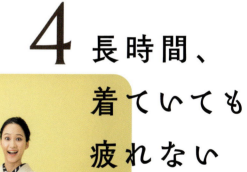

どうして骨盤が大切なの？

「骨盤がたつ」に効果的なストレッチ

たかはしスタイルの着付けでは、骨盤をたたせることがポイントとなっています。
そこで、骨盤をたたせるために効果的なストレッチを
大人気YouTuberのオガトレさんに教えていただきます。
骨盤がたつことは着付けだけでなく、体にとっても良いようです。

骨盤がたつのは、良い姿勢の条件です。骨盤にはふたつの状態があり、骨盤が寝る状態（＝後傾）と骨盤がたつ状態（前傾）です。理想は骨盤がややたつ状態（＝軽度前傾）です。しかし、私たち現代人の多くは骨盤が寝た状態であるため、その結果、猫背になり腰が引け、背も低く見えます。
「骨盤がたつ」には、股関節を柔らかくし、体幹を鍛えることが大事です。身体の土台ですので下のストレッチを参考にしっかりケアしましょう。

気仙沼在住

大人気YouTuber オガトレさん　特別レッスン！

オガトレ

理学療法士として病院勤務やトレーナー活動を経て、YouTuberになる。
「体が硬くて困っている人をこの世から無くしたい！」の一心で、ストレッチを楽しくわかりやすく伝えるため、YouTubeで動画を日々配信中。

オガトレさんのYouTubeをチェック！

ももうら（ハムストリングス）ストレッチ

腰痛、膝痛の改善や予防にも役立ちます。

ひざ立ちから片足を前に出し、カカトを床につける。つま先は天井に向けておく。

両手を太ももに置き、胸を張りながら前に突き出す。ももうらが痛気持ちいい程度に伸びるところで30秒キープ。終わったら反対も同様におこなう。

第2章 土台（補整）を極める

きもの美人になるには、土台作りが必要。
つまり表からは見えない肌着や補整など、
きものを着る前のベースをきちんと整えること。
何が必要かは十人十色です。

そもそも どうしても補整は必要ですか？

補整は絶対ではありません

たかはしスタイルで考える補整はその字の通り、「補い整える」です。
補整というと「何かを足す」というイメージですよね？
ですが、**たかはしスタイルの着付けでは自分の身体についている乳房やお肉を動かすことで補って整えることが、まず一番と考えます。**
それでも足りない場合には足していくことも選択肢のひとつです。

言われてみれば
そうですね…
補整をしないことが、
上手な着付けだと
思い込んでいませんか？

補整とは、何かを足すことばかりではありません。たとえば胸元。衿元がパカパカする、または衿元に縦ジワが寄ってキレイでないなどの理由で胸元に詰め物をしろと言われることが非常に多いようですが、まず、自分の胸を生かす方法を考えましょう。

ちょっと一言
本書では「補整」という表記をしています。「補正」の字を当てる方が多いのですが、これは本来おかしいのでは？と感じています。補って正すという書き方は誤りを正すという意味あいが強い言葉です。

補整をした場合の効果効用

その1
まっすぐに縫っている布を凹凸のある体に巻きつけたら、当然シワになりますし、布目もよれます。出来るだけ体の凹凸を減らすのが補整です。布目が整い、体にすんなり吸いつき、着付けも手早く済みます。

その2
お尻が小さく見えることも大切ですが、お尻の位置が上がることも重要です。ウエストに補整を入れることで帯からまっすぐに下半身がつながり、ヒップアップして見えます。

その3
補整することで吸湿性が上がります。それにより、きものや帯への汗ジミは確実に軽減します。また、ひものあたりもやさしくなります。

たとえばウエスト補整。何かを巻くなど加えていくイメージから、太って見えるのでは、と考えがちです。でも、ウエストが細いままで着付けると帯の下にお尻がはみ出し、お尻が大きく見えてしまいます。

ちょい足し補整で一目瞭然！
バストの位置が変わりました！

After

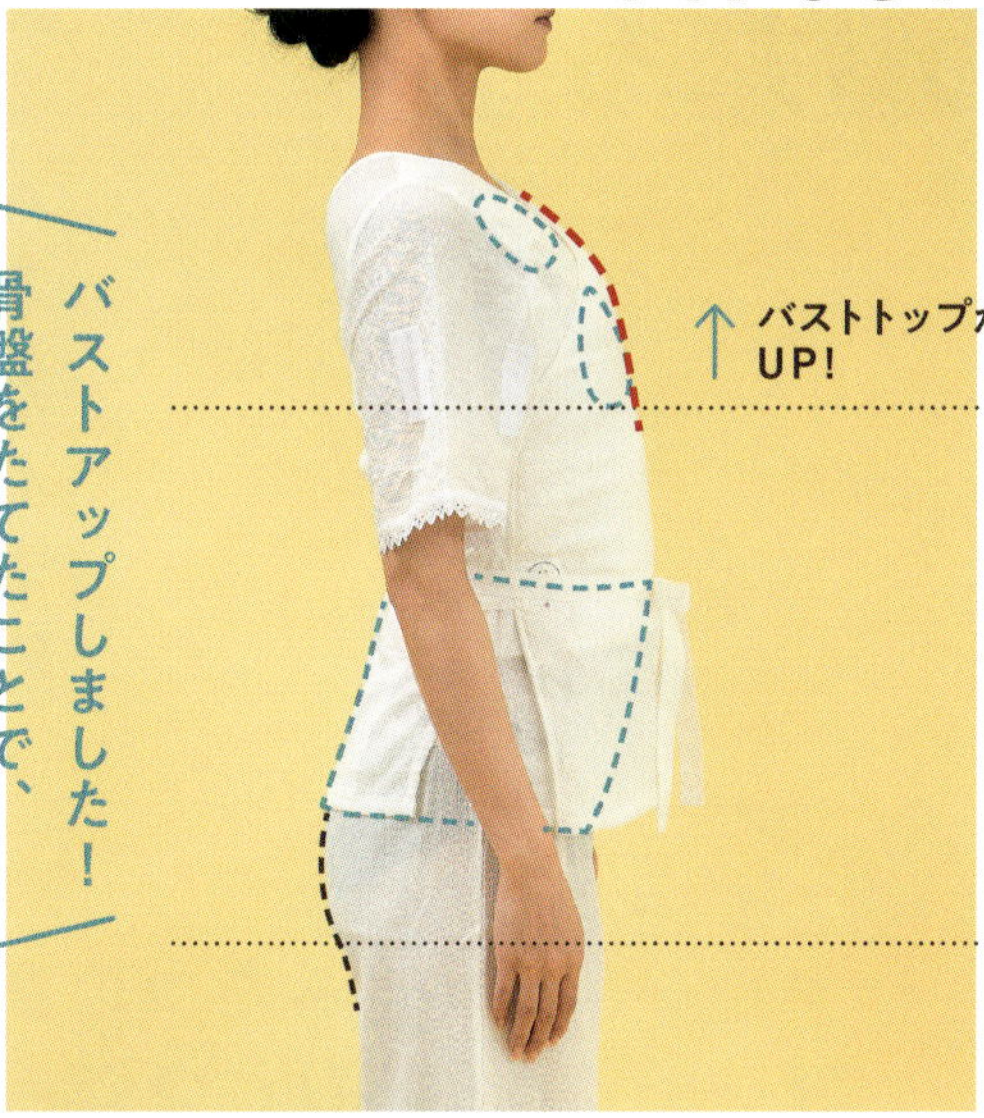

バストアップしました！
骨盤をたてたことで、
ヒップもアップ♪

Before

補整に使ったもの

・三日月型パッド
・ドロップ型パッド
・ウエストパッド（満点腰すっきりパッドスキニー）

着ているもの

キモノブラ ＋ 肌着 ＋ ステテコ

胸元補整は、ほんの少しプラスするだけでも、写真のように印象は変わります。

また、腰まわりは補整で骨盤をたてることで自然とヒップアップにつながり、腰まわりのラインがすっきり美しく整います。

補整をとり入れることで、着姿がグッと若々しく、すっきりとした仕上がりになります。

ここで使用した補整小物

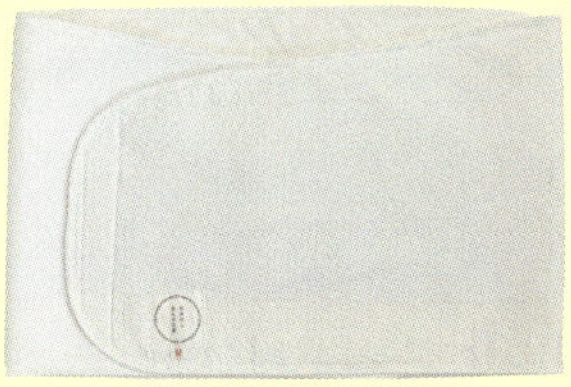

満点腰すっきりパッド スキニー

骨盤を締めるように装着することで自然と骨盤がたつウエスト補整用具。骨盤がたち、腰まわりや下腹の余分な肉がウエストに上がることでヒップアップし、姿勢も整います。

三日月型パッド

部分補整用胸パッド。胸元の基本の補整用パッドです。

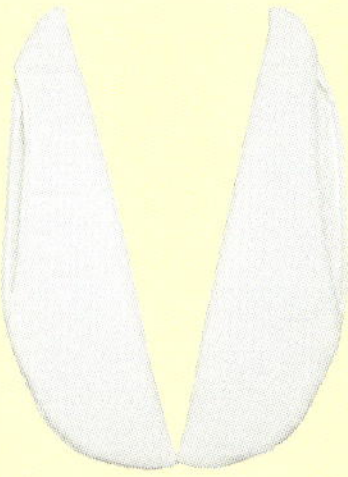

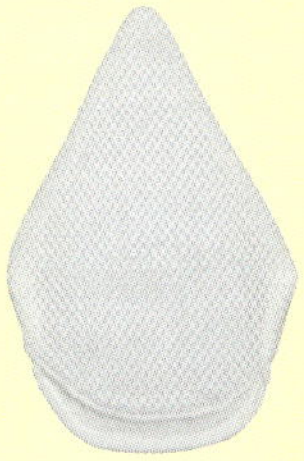

ドロップ型パッド

胸元の段差を埋めるのに最適です。アンダーバストを埋めるように使用することで、胸元からお腹にかけて、なだらかなシルエットに近づけます。

胸元の補整

「つぶす」のではなく、「寄せてあげる」

めざすは、まんなかハト胸！

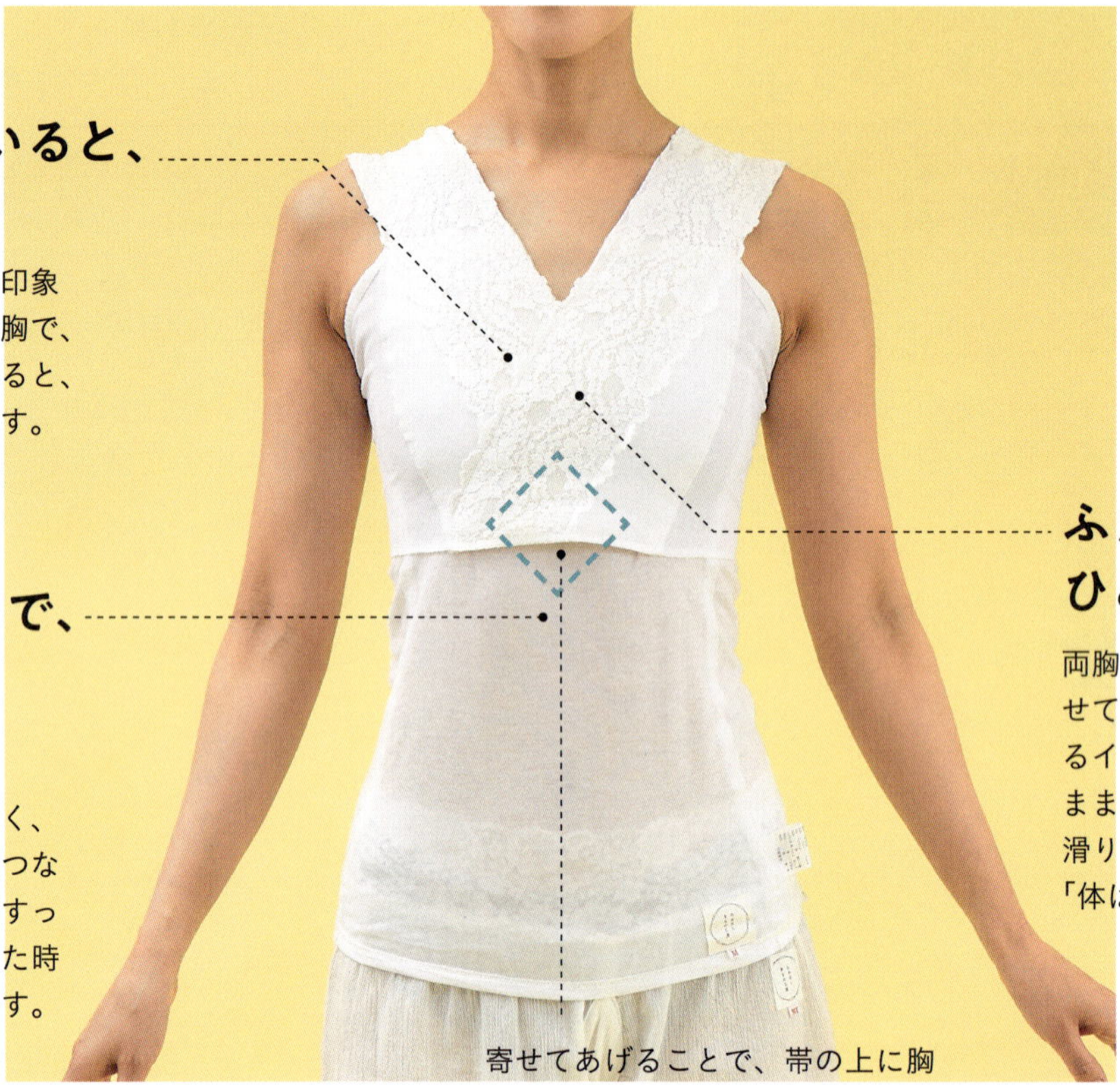

胸元がふっくらしていると、若々しい印象

目に入りやすい胸元の印象は大切。まんなかハト胸で、胸元がふんわりしていると、若々しい印象となります。

胸元から帯まで、なだらかにつながること

胸元から帯まで段差なく、ひと続きの丘のようにつながっていると、胸元がすっきりとして、帯を締めた時に形が決まりやすいです。

ふたつの島をひとつに

両胸をあご下に向かって寄せてあげ、ひとつの島にするイメージ。ふたつの島のままだと、胸の谷間に衿が滑り落ちることも。まさに「体はすべて滑り台」です。

寄せてあげることで、帯の上に胸がのるような場合、アンダーバストのところに補整を入れると、驚くほどまっすぐになります。

気をつけよう！

カップ付きキャミソールブラは、和装には向きません。
左右の胸を立体的に見せるカップがあると、
その谷間に衿が滑り落ちやすく、襦袢の衿がもぐりやすくなります。

これまで定説だった**「胸をつぶす」は、**
両脇に胸の肉を流すことになり、**かえって太って見えます。**
乳房の大きい方ほど、ただつぶすことはオススメできません。

和装ブラのつけ方

和装用ブラジャーは、
いろいろなメーカーから出ています。
ここでは、たかはしの和装用ブラジャーを
見本としてご紹介しますが、
これでなければならない、というわけでは
ありません。理想形は、
ふたつの島をひとつにすることです。

参考動画はコチラ!

1

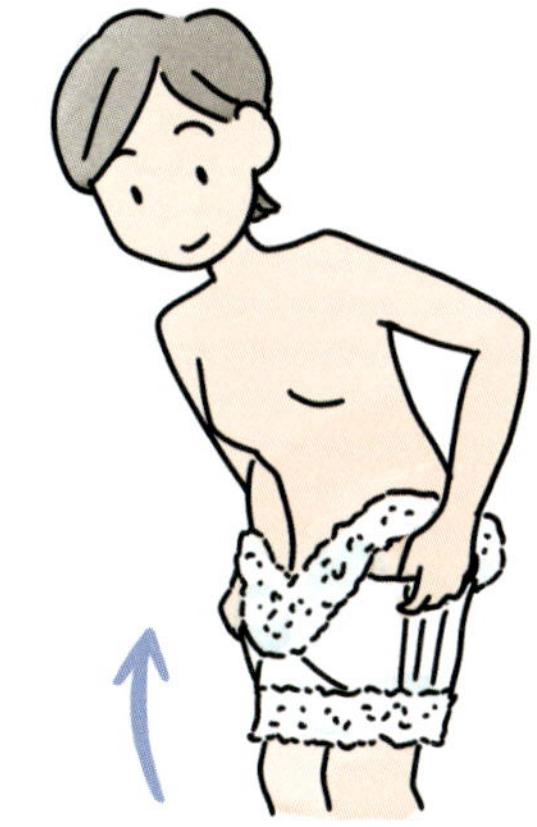

肩ひもを持って、下から履きあげます。

2

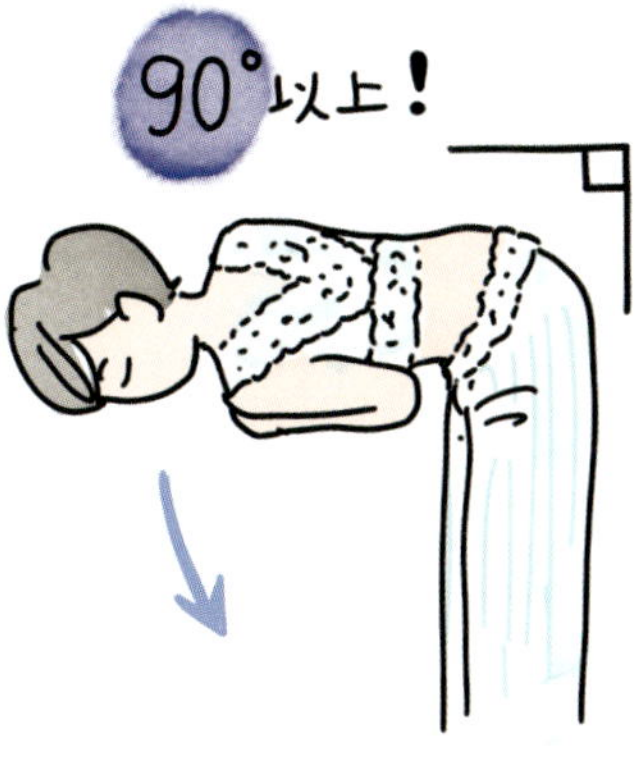

腰を90度以上曲げて、前かがみになります。

3

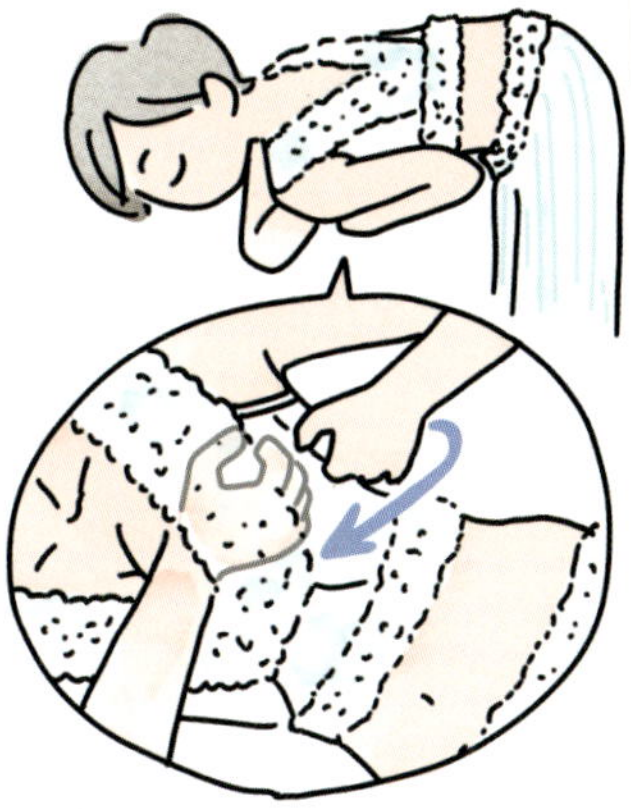

ブラジャーの脇を持ち、もう片方の手でしっかりと脇から胸の肉をまんなかにもってきます。

4

喉元に向かって、肉をかき上げ、島をひとつにするイメージです。

5

正面を向きます。鏡などを見て、両脇の胸がまんなかにきたか確認。

乳房の大きい方

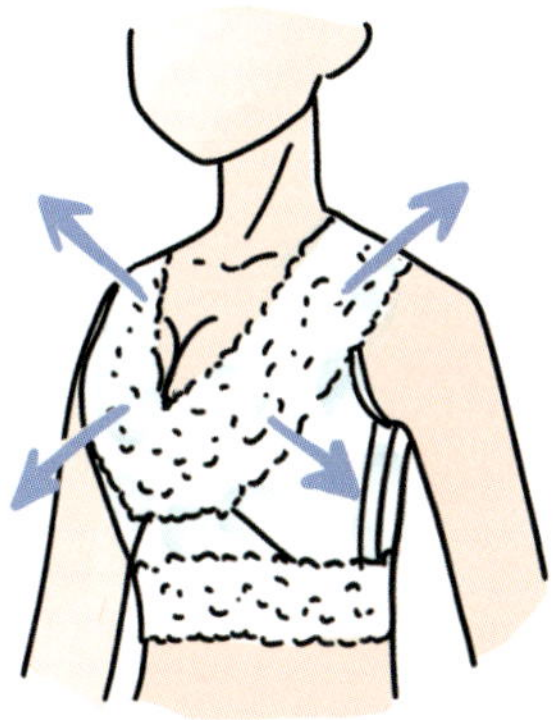

キモノブラの上から、胸が少し盛り上がっているくらいでOK。あまりに盛り上がりすぎたら、脇に流します。

乳房の小さい方

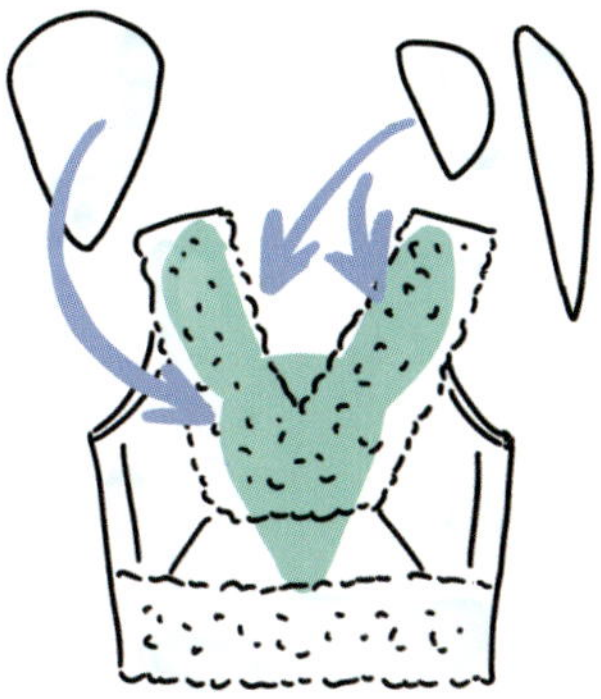

足りなく感じたら、部分補整用パッドを入れてみましょう。

胸元の補整

お悩みいろいろ

▶参考動画はコチラ!

きものを着た時に、衿が思うように決まるかどうかは、大きなポイント。
胸元が整わないと、衿もきれいに決まりません。
胸元に関するさまざまなお悩みについてまとめてみました。

細くて華奢な体だから、胸元全体がふっくらする補整がオススメね。

補整で骨盤をたてることで姿勢が変わり、鎖骨まわりの印象も変わります。さらにボリュームを足したい場合は、部分補整用の胸パッドをプラス!

自分の体をよく理解して、何を足したらいいのか、考えてみましょう。

鎖骨下がさみしい
胸元全体がうすい

- 衿元にシワがよりやすい。
- なんとなく老けた印象になってしまう。

⇓

補整ポイント

足らないところに、**部分的にちょい足し**。お手持ちの**ミニタオル**や**部分補整用パッド**を活用して、ボリュームをプラス。

胸元の部分補整用パッド

ドロップ型パッド

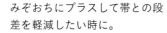

みぞおちにプラスして帯との段差を軽減したい時に。

三日月型パッド

胸元全体のボリュームを底上げする基本の補整用パッドです。

半月型パッド

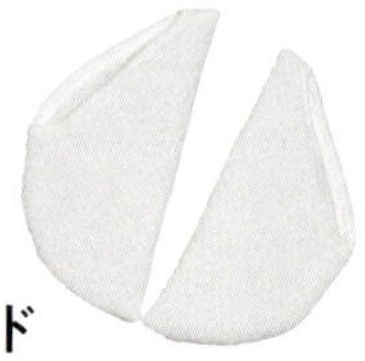

鎖骨まわりに最適。鎖骨下にボリュームをプラスしたい時に。

補整ポイント ふたつの島をひとつにする

- まんなかハト胸が理想。
- 胸元の補整をすると、衿が決まる。
- 両脇がすっきりして、細見え効果。

※ハンドタオルの使用例

補整ポイント みぞおちにプラスの部分補整

バストが豊かな場合、また胃のあたりが出ている場合、胸とお腹の段差を埋めることがポイント。胸元から帯までまっすぐおりるようなラインに整えることで、ボリュームを感じさせない、すっきりとした着姿になります。

胸が大きすぎる

- 脇まで胸の肉があふれて、より太ってみえやすい。
- 帯に胸がのってしまう。
- 衿元が乱れやすい。

補整ポイント 和装ブラで寄せてあげて、まんなかハト胸に形をキープ

胸の下の段差は、**両胸の間にハンカチやミニタオル**を畳んで入れるか、**部分補整用パッド**をプラスします。

たかはしのオススメ肌着

〈補整肌着〉

くノ一夏子、くノ一麻子は部分補整用胸パッドを活用しましょう。

くノ一夏子

くノ一麻子

Put on キモノブラ

くノ一涼子

〈和装ブラ〉

Put on キモノブラやくノ一涼子は、部分補整用胸パッドドロップ型をプラス。

日常きものにおいては、
ガチガチに補整する必要はありません。
自分が納得できる着姿に必要な
ポイントはどこか、
何回か着ていくうちに自分なりに
わかってくると思います。

胸元補整の入れすぎは禁物！
フェイスタオルを
Vの字に入れる等は、
アタリがきものに出ることも。
胸元は最小限で考えましょう。

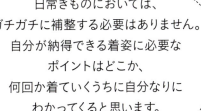

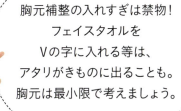

腰まわりの補整

目指すは“茶筒”ライン＆骨盤

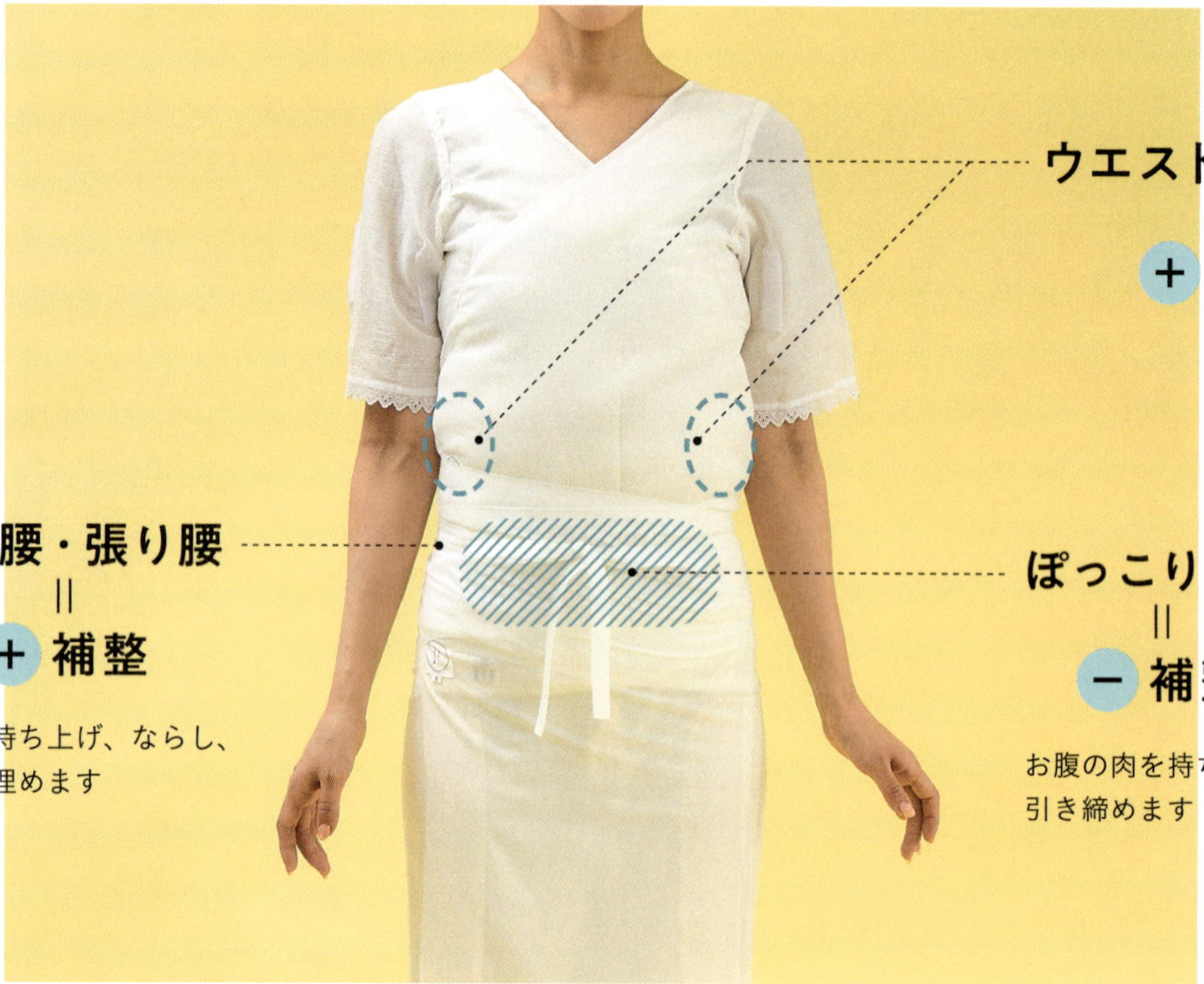

上半身が着くずれるのは、腰まわりに原因がある可能性が高いです。

▶参考動画はコチラ！

骨盤をたたせることが大切なポイントです。

あなたの姿勢は、どのタイプでしょうか？

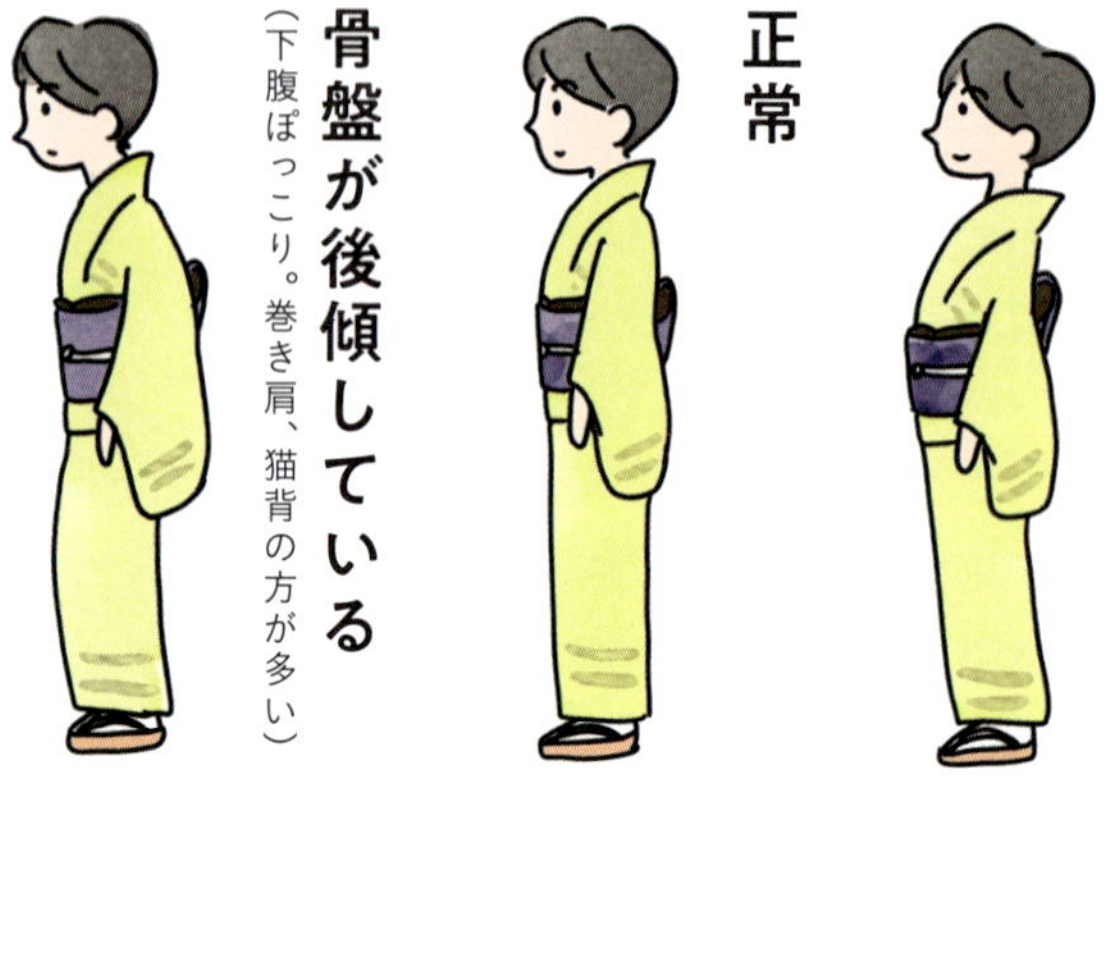

骨盤が前傾している（反り腰の方に多い）

正常

骨盤が後傾している（下腹ぽっこり。巻き肩、猫背の方が多い）

参考動画はコチラ!

ウエストパッドのつけ方
(満点腰すっきりパッドスキニー)

たかはしスタイルの着付けの大切なポイントが腰まわりの補整。そのために必要な、効果が実感できるウエストパッドのつけ方を覚えましょう。

1 腰骨を基点に両手で持つ

キュッと持ち上げる
ように引くことで
腰肉とお尻が
上がります

両脚の付け根にある腰骨(グリグリとあたる骨)を起点に、ウエストパッドの下線を合わせます。

2 引きながら右側を巻く

巻きつけたウエストパッドは下部を左手で引きつつ、右手をかぶせます。

3 手を入れかえる

左右の手を入れ替えて巻きつけます。パッドの下半分をしっかり引きながら、とめます。

4 上部も左手側を引きつつかぶせる

巻きつけたウエストパッドは上部を左手で引きつつ、右手をかぶせます。この時、苦しくないように、「ほどよくゆるり」がコツです。

5 下腹の肉をかき上げる

ウエストパッドの内側に手を入れて、お腹の肉をつかんで引き上げます。そのためには、なるべく体に直にウエストパッドをつけることをオススメします。

6 完成

ウエストのラインがストレートになりました。

補整のあるなしで、着姿は変わります！

補整をする、しないは自由です。
ただ補整をしたほうが着姿はすっきり見え、着付けの手間も省けます。

補整あり

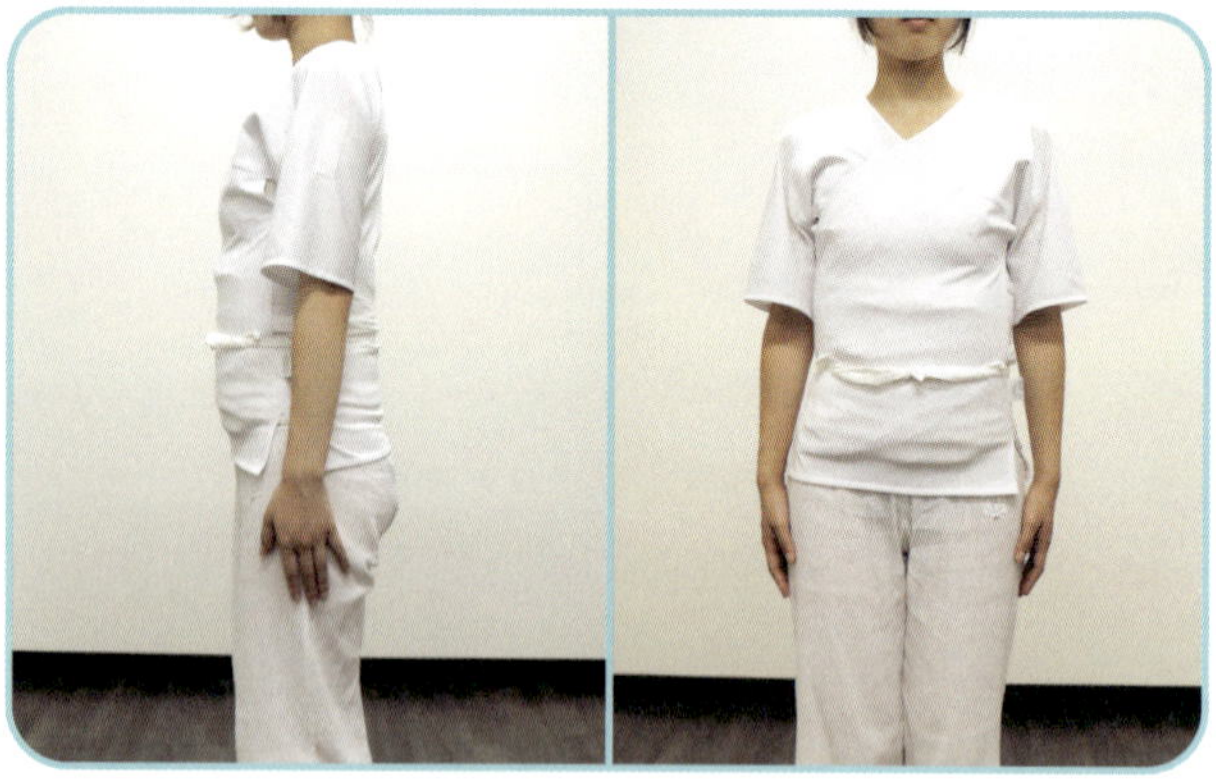

ウエストパッドをつけたことでお腹まわりが引き締まり、ヒップアップ！骨盤がたつことで上体も自然にシャキッとしました！　※満点腰すっきりパッドスキニーをつけました。

⇓

▲腰まわりを補整したので、お太鼓のタレがキレイになりました！

▼おはしょりがすっきり、おはしょり下のシワも気にならなくなりました。

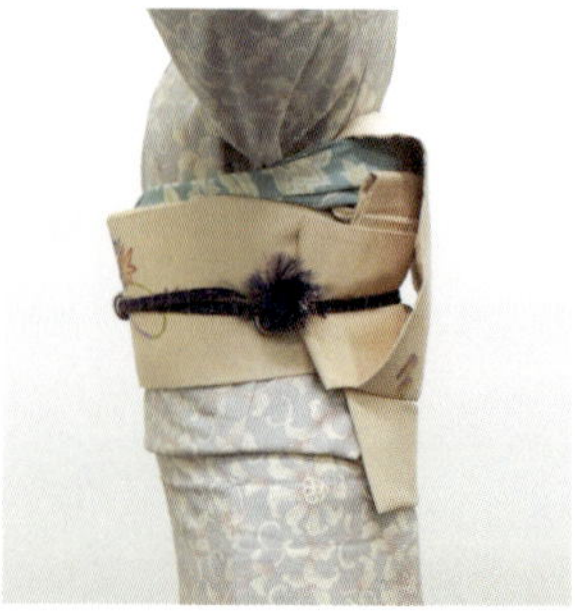

◀ 補整なしの時の「くの字」の状態が解消されました。背中からお尻にかけて、美しいラインです。

補整なし

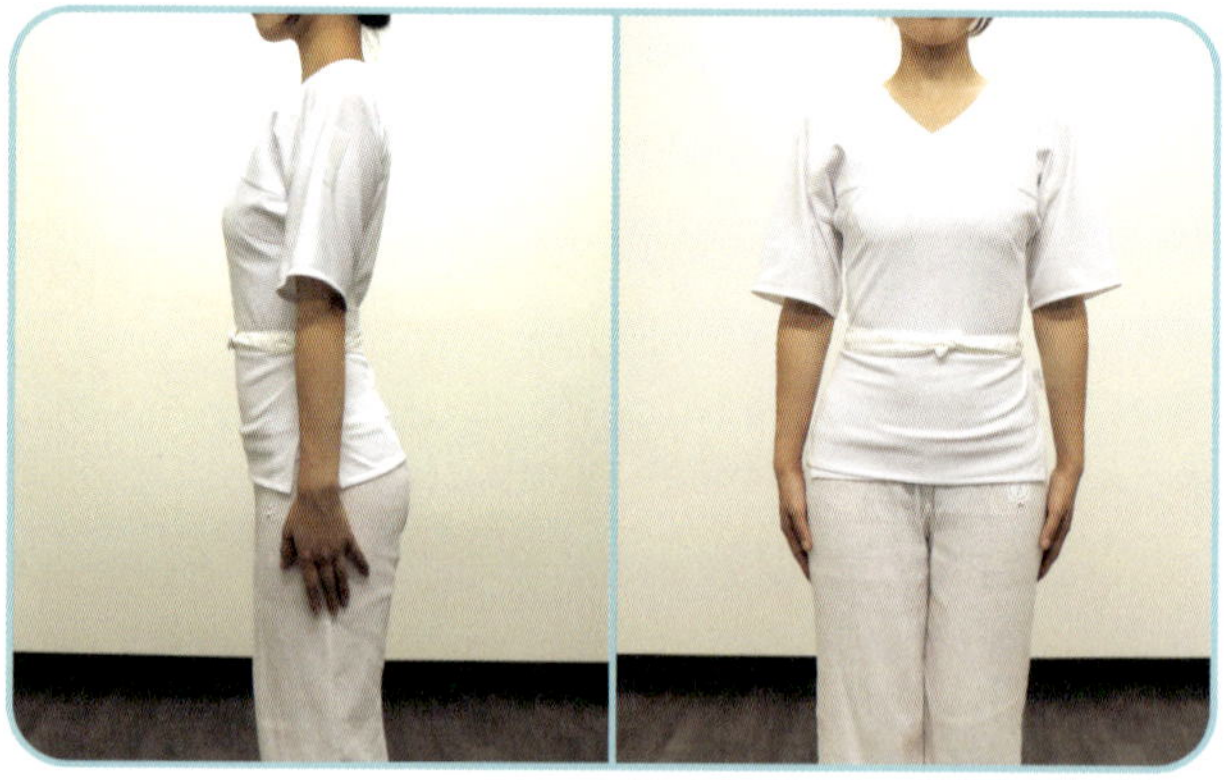

太っていませんが、腰から太ももにかけての張り出しがあるウェーブ体型です。
※満点肌着、下は「綿テコ」をつけています。

⇓

▲帯のタレにたわみが見えます。

▼おはしょりが浮いて見え、おはしょり下のシワが大きく目立ちます。そして、帯と腰の段差がボコンとしています。

◀ やや反り腰ぎみなので、まるで背中から腰にかけて「くの字」になっているように見えます。お太鼓の中が、ぐちゃぐちゃです。

日常的にきものを楽しむ 着付けに必要なもの

きものを日常的に楽しむのなら、用意するものもなるべく少ないほうがいいし、
あるもので代用できるなら、気軽にはじめられます。ここでは、たかはしスタイルが考える
きものを着る時に必要なものと、場合によっては必要ないものに大きく分けてみました。

着付けに必要なもの

- **きもの**
- **帯**
- **長襦袢** ・**半衿** または、うそつき襦袢、うそつき衿、うそつき袖
- **衿芯** 浴衣であっても、衿芯を入れるとシャキッとした衿元に
- **腰ひも** なるべく摩擦力のある綿素材のものがオススメ
- **コーリンベルト** ご自身のサイズに合わせて長さを調整しましょう
- **帯板** 帯を守って、すっきりした着姿になります。なければ厚紙やクリアファイルなどで代用
- **帯揚げ**
- **帯締め**
- **帯枕**
- **仮ひも**

（帯揚げ・帯締め・帯枕・仮ひも）半幅帯の時や、帯結びの種類によって使わないこともあります

- **きものクリップ** 帯を締める際に使います。生地が傷みにくいものがオススメ

場合によっては必要ないもの

- **和装ブラ** 和装ブラは体型によって絶対に必要とは言えません
- **裾よけ** ・**ステテコ** 暑い時期など、裾よけをやめてステテコを選ぶこともあります
- **肌着** ・**胸ひも** ・**伊達締め** ・**えもん抜き** 長襦袢を着る時に使います。
- **補整グッズ** 体型によって、必要に応じて
- **足袋** 足袋ソックス派や、浴衣の時は足袋を履きません

めざせ、寸胴美人！

たかはしキーワード
体はみんな滑り台

体はすべて滑り台 みーんな、細いところへ滑り込む！

Point
ひもが接する面積が大きければ摩擦力も大きくなる

Point
体の凸凹＝滑り台を減らす

ひもがゆるんで着くずれる
なぜなら、ひもが滑って動くから

人間の体には凸凹があるので、出っ張ったところから凹んだところへ、ひもでも生地でも滑り台を滑るように移動してしまいます。

どんなにギューギューと締めたところで物理的に動いてしまうのです。

体の凸凹はすべて滑り台だと考えると、細いひもでギュッと締めるなどの着付けの方法でも、なるべく凸凹を減らしたほうが着くずれにくそうだと思いませんか?

このように理屈で考えると、「たかはしスタイル」の着付けのポイントが理解しやすくなると思います。

第3章

日常きものの着付け

いよいよ本題、日常的にきものを楽しむための
着付けについてご紹介します。

きものを着る前に、ちょこっと準備

きものを着る時になって慌てずに済むように、
こんなことをやっておくのが良いかな、ということをいくつかご紹介します。

いざ、当日！

1 ヘアメイクは、一番、最初に

きものを着る際は、まず最初にヘアメイクからスタート。きものを着た状態でヘアメイクをすると、ヘアスプレーなどできものを汚すかもしれません。きものを着た後でヘアメイクを直す際は、タオルか手拭いをちょっと肩にかけて汚れ防止を意識しましょう。

2 着付けは、足袋を履くところからはじめます。

いよいよきものを着はじめる時。まず最初に、足袋を履きます。すっかりきものを着てしまってから足袋を履くのは、帯もしているので、なかなか大変。まずは、足袋を履く。さぁ、ここからきものを着ていきましょう！

前日までに準備

1 お天気次第で雨具も準備

きもので出かける時に気になるのは、やはりお天気。当日の気温や晴れか雨か、雨ならば大雨なのか小雨なのか……。出かける日の天気予報をチェックして、持ち物や雨具も、必要あれば準備しておくと安心ですね。

2 ざっくりコーディネート

なにを着ていこうかな〜、と大まかに考えておくだけでも、当日の心の余裕は違います。出かける先、ご一緒する方々のことなども考え合わせて、きものと帯、小物などをちょっと合わせてみる時間も楽しいものです。

3 半衿や小物を確認しておきます

きもの、帯のコーディネートがだいたいできたら、それに合わせる半衿、襦袢、帯揚げ、帯締めのほか、バッグや草履なども、考えてみましょう。

＊羽織の代わりにカーディガン、帯締めをベルトに帯揚げにスカーフ……、小物に置き換える楽しみが広がります。

どうする？半衿

きものの半衿は、出ている範囲は小さいアイテムですが、全体のコーディネートを左右したり、
季節感を表したり、と目立つポイントのひとつです。
定番の白もすっきりしていますが、自分なりに楽しんでみてはいかがでしょうか？

日常きもので、
ファッションとして
きものを楽しみたいなら、
遊び心のあるさし色の半衿を
とりいれるなど、思いきって
チャレンジしてみては？

基本の半衿の付け方

半衿を縫い付けるのが苦手！という方は多いです。今は、いろいろ便利な道具もありますが、基本の半衿付けも、ポイントを押さえるだけで、実はそんなに難しいことではありません。

▶基本の半衿付け
動画はコチラ

同じきもので
半衿だけ変えてみました！

ごくシンプルなコーディネートですが、半衿を変えただけで、印象がガラリと変わりました！　見えるところはわずかな半衿ですが、着姿全体のイメージまで変えてしまう重要なアイテムです。

シルクニットの半衿。シルクの艶と質感、ニットのやわらかさが融合。半衿付けも楽々。

墨流し染めの綿麻半衿は、控えめな存在感を放ち、コーディネートのアクセントに。

普段使いなら、レース半衿などもオススメです。あらたまった場でなければ、優しい衿元を演出します。

▶安全ピンを使った
お手軽半衿つけ
参考動画は
コチラ！

着付けの時、目線は“鏡”

きものを着る時、姿見の前に立っていても、実際に着付ける時には鏡を見ずに、
つい自分の手元を直接、目視で確認しようとしてしまいます。あくまでも、
鏡を通して自分の着姿を確認しながら、着付けることが大切なポイントです。
鏡を見たまま着付けができるとスピードと技術は、グンと上がります。

なぜ鏡を見るのか

姿見に映った自分の姿を見る時、まっすぐ正面を見ます。ところが、裾の長さを見る時などに、裾先を直接のぞきこもうとすると姿勢はうつむき、本来の裾の長さより長く見えます。そこで裾の長さを合わせてしまうと、前を向いたらツンツルテン、なんていうことに。かならず鏡を通して見ることで的確に着ることができます。

はじめは大変！ と思うかもしれません

鏡を見て自分の右手か左手かがわからなくなったりして、大変に感じるかもしれません。でも少しガマンして練習していると、すぐに慣れます！ 着付けの手順を体が覚えてしまえば、鏡のない所でも着付けられるようになります。

つねに鏡を通して自分の着姿を見ることをクセづけましょう。

自分の手で、どんな形を作っているかを知ることがとても大切です。

着付ける時のワンポイント

1　必要なものだけ並べる

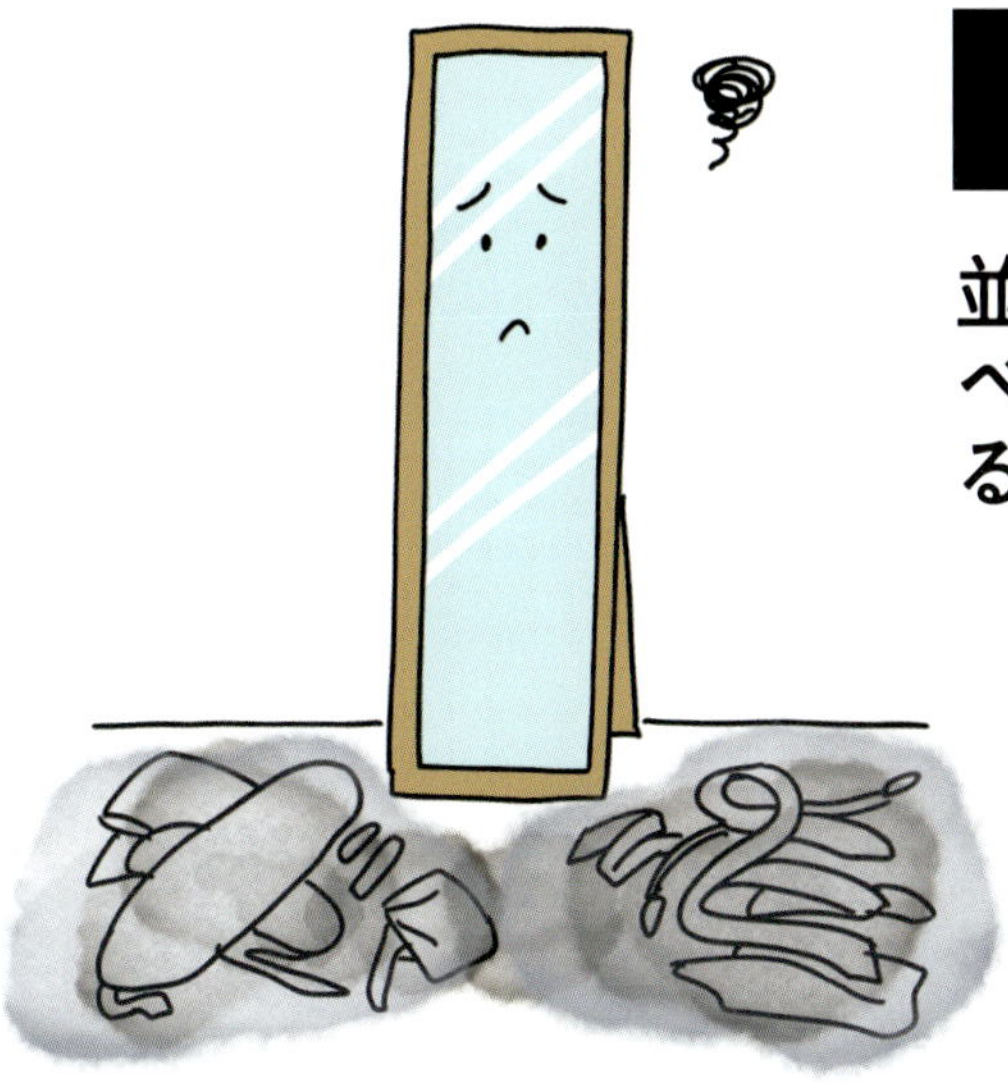

着付けに不要な小物まで、あれもこれもと、ごちゃごちゃ並べていませんか？　そうするとかえって必要なものが見つけられなかったり、スムーズな着付けの邪魔になることもあります。必要なものだけきちんと準備して、できるだけシンプルにしておきましょう。

2　敷紙って、かならず必要？

きものや帯を直接、床に置かないように、敷き広げる和紙など衣装敷は、絶対に必要なアイテムというわけではありません。現代の住宅事情で、あの大きさの敷紙を広げるのは難しい場合もあるでしょうし、そもそも、普段から床掃除がきちんとできていれば、なくてもいいものです。

3　取りやすい位置にひもや小物を準備する

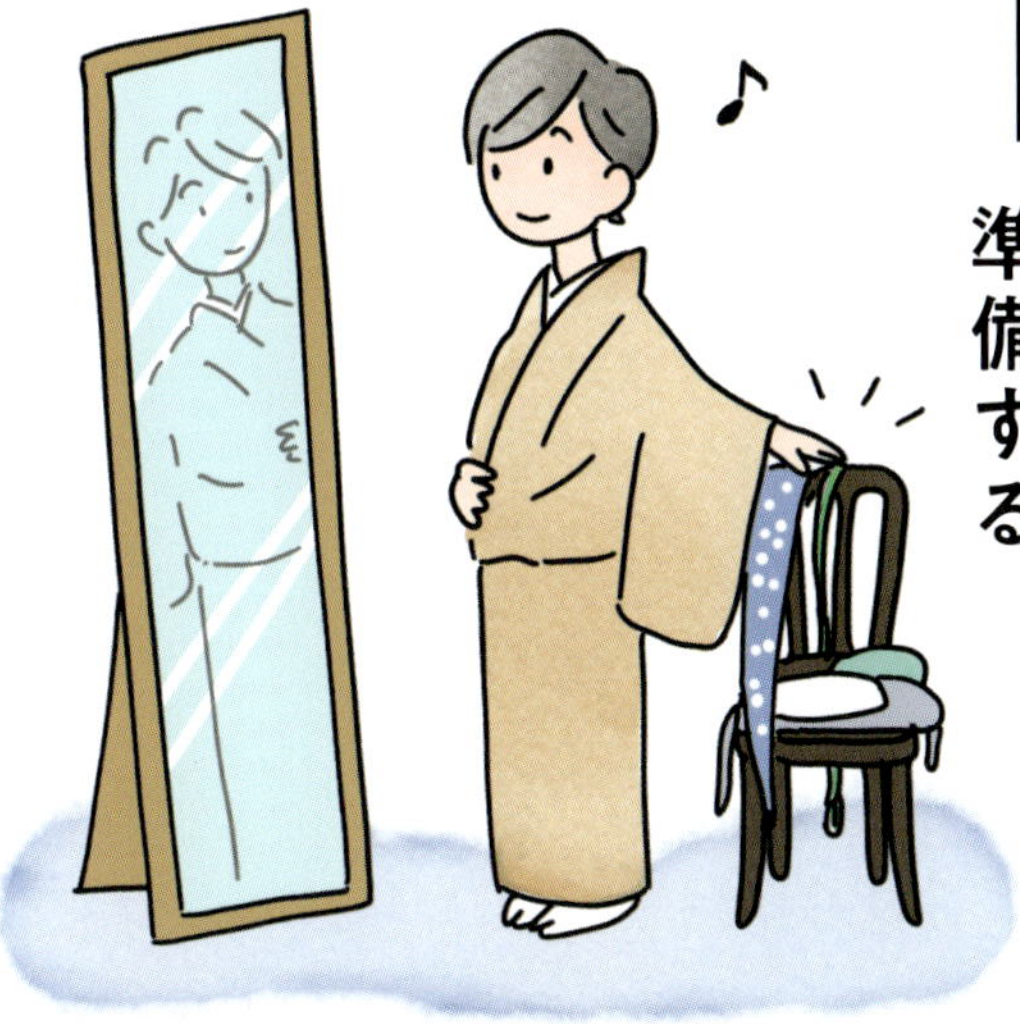

着付けの途中で、あまり動かないで済むように、取りやすい位置にひもや小物などを準備しておきましょう。きちっと着付けていない段階で動きすぎると、着くずれの原因にもなります。

4　鏡に映して見ることで着付けは時短に！

着付けをする際は、自分の着姿を鏡に映して確認しましょう、と前述しました。すべてを鏡で確認しながら手を動かせるようになれば、どんどん時短が進みます。最短でキレイに着付けるためにも、鏡で自分の着姿を確認しながら、ひとつひとつ丁寧にクリアしていきましょう。

参考動画はコチラ!

真横にかぶせた
生地を真下に引く
「L字の法則」を
覚えましょう

きもの美人の第一歩
肌着のつけ方

きものを羽織る前に身につける肌着は、いわば、きものの土台となるもの。
だからこそ、肌着をいい加減に着てしまうと着付けの
仕上がりにも影響します。ワンピースタイプの襦袢を着られる方も、
ここでご紹介する着方を参考に着てみましょう。

1

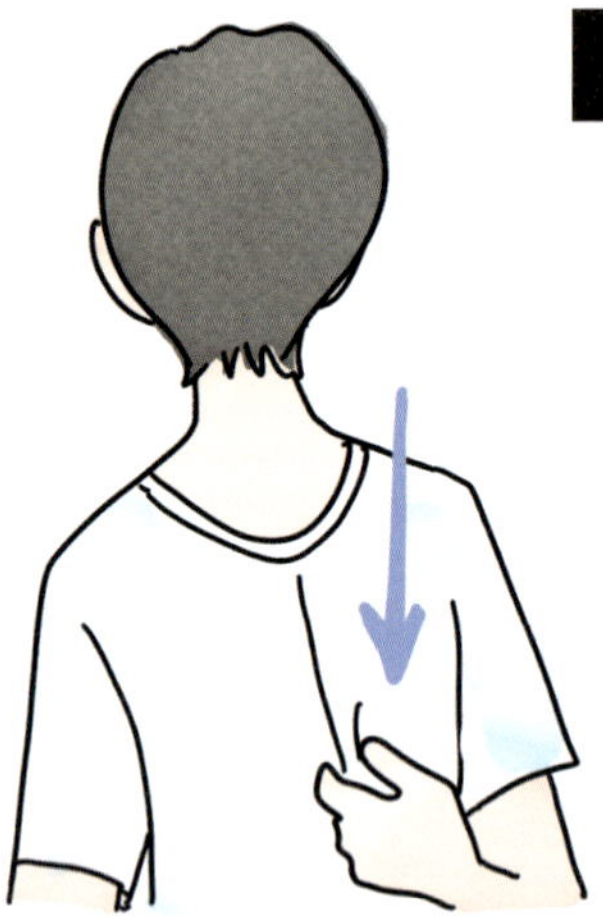

肌着を羽織ったら、肩の位置、背中心、えもんの抜け具合を確認。背中心を持って衿を抜きます。

2

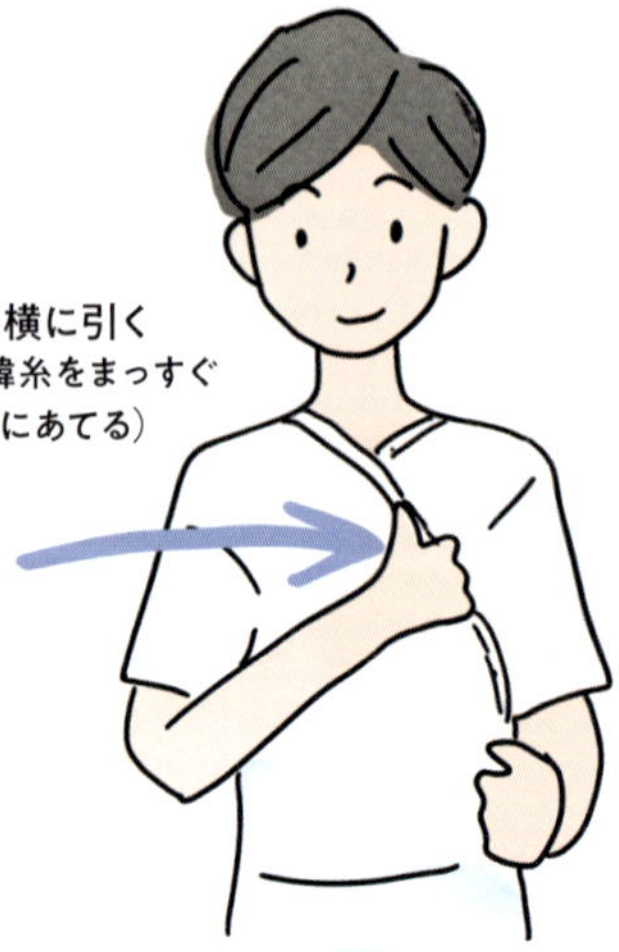
真横に引く
(緯糸をまっすぐ
体にあてる)

身頃はいったん体から生地を離してから、まず右身頃を両胸を包むようにかぶせます。

3

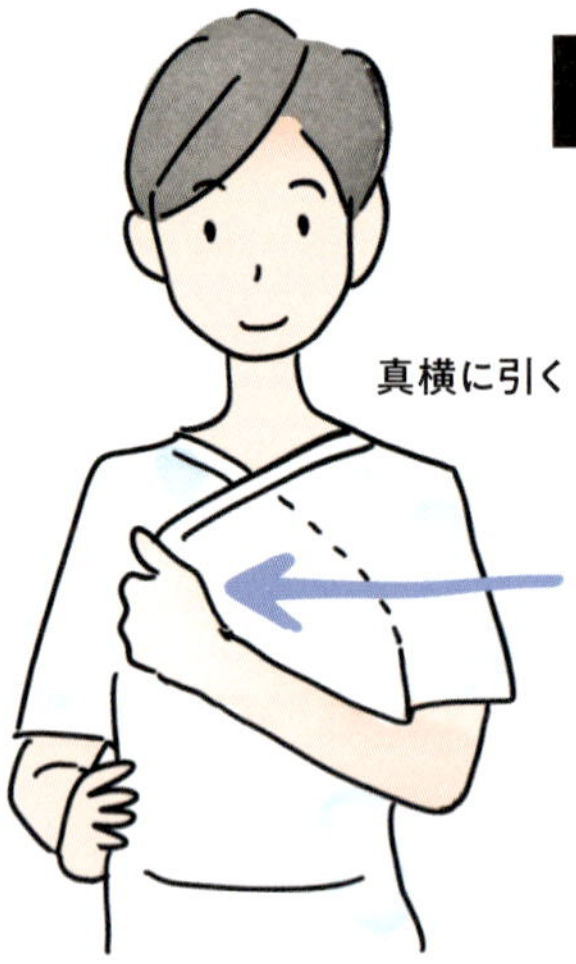

同じように左の身頃も、いったん体から生地を離し、両胸を包むようにかぶせます。

4

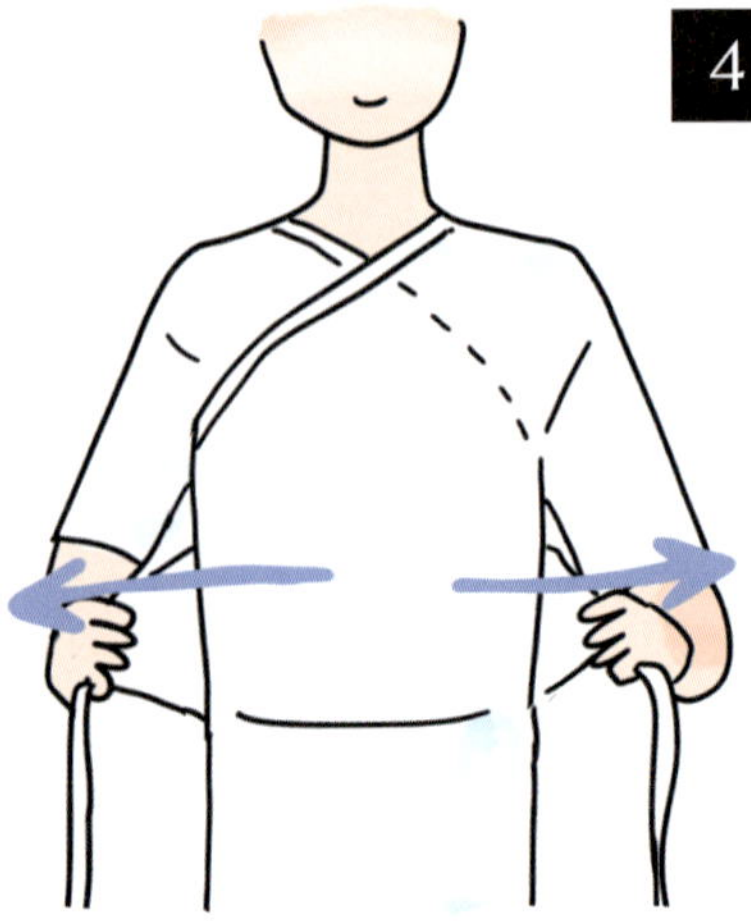

ひもを後ろで交差したらおへそをめざして前に持ってきます。

5

ひもをおへそのあたりで結びます。アンダーバストの位置で締めないように注意。息苦しくなったり、胸元の生地が浮いたりします。

6

たかはしキーワード
L字の法則

肌着の布全体を真下に引きおろします。これにより生地目が整い、体にピタッと吸いつきます。

参考動画はコチラ!

きもの美人の第一歩

裾よけのつけ方

裾よけを、ただ巻きつければいい、と思っていませんか？
たかはしスタイルでは最後に裾よけをつけます。
下腹を引き締めて、骨盤をたてる“裾よけ”のつけ方をご紹介します。

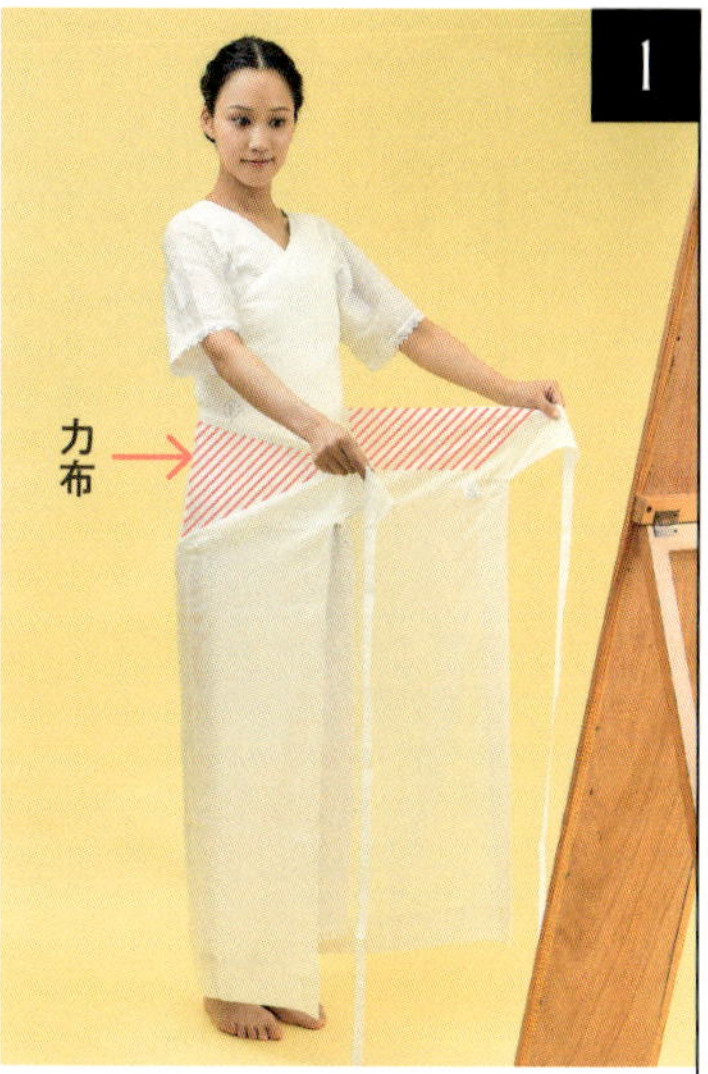

裾よけを広げ、ウエストに力布の上端が来るように持ちます。身丈の長さもチェック！ 決して引っ張らず、布がぴったりと体に添うように。

左手で持っている上前の脇線を決めたら、余った布を右手側に引き、下前の布を巻きつけます。

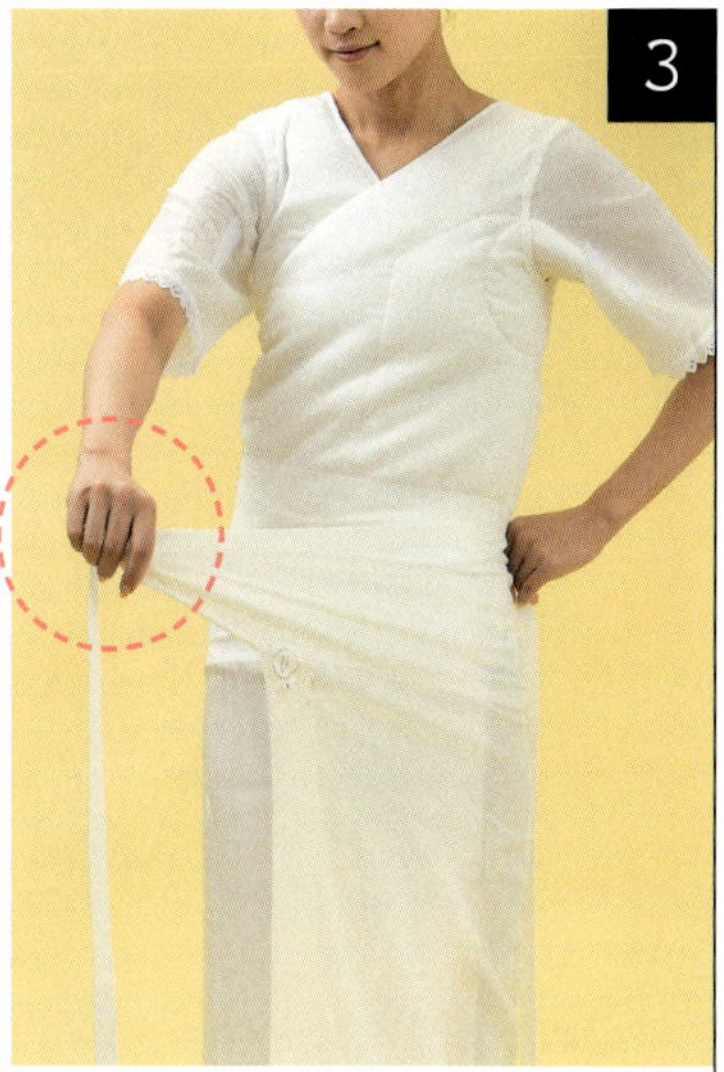

下前を左手、上前を右手に持ちかえます。持つ場所は三角布の細いほうです。

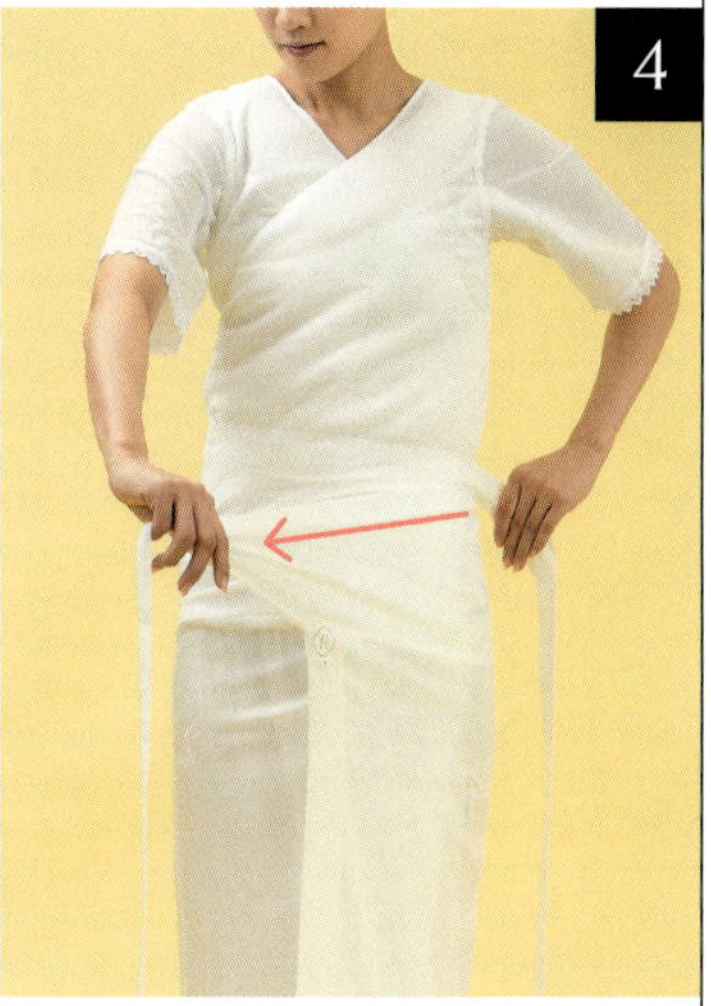

右手で力布を上から握り、左の骨盤の前でグッと前に引きます。この時、足を屈伸させながら引くと腕の力が倍増します。

左右のひもを後ろ方向に引いて交差させ、前でひもを結んで完成。

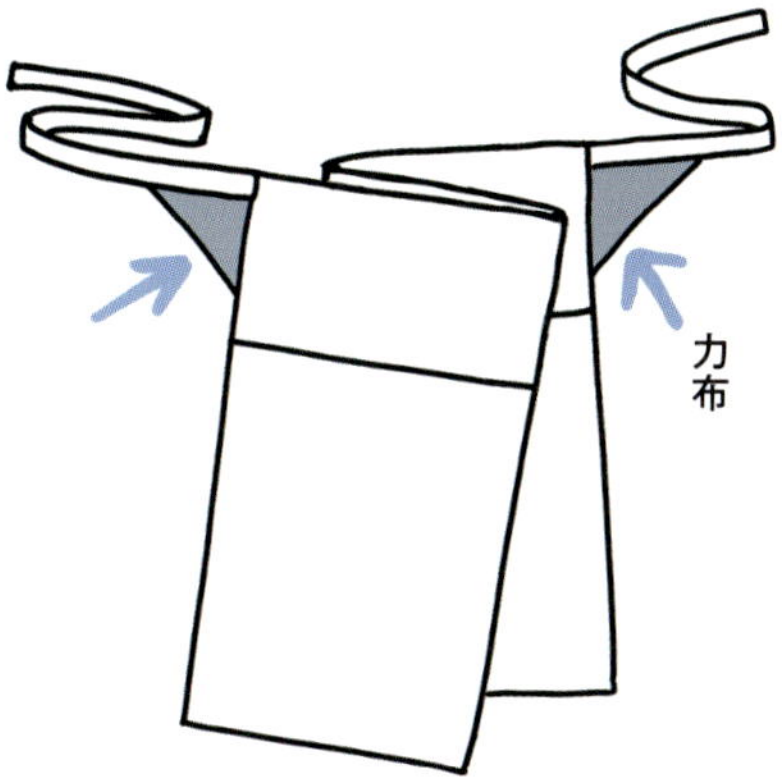

＊満点ガードル裾よけは舟形の力布と独自の裾ラインにより、巻くだけで裾すぼまりになります。一般的な市販の裾よけをお持ちの方は、ひもと力布の両方の付け根に三角の力布を付け足してみてください。

※このページで使用した満点ガードル裾よけは、たかはしきもの工房の特許商品です。

長襦袢を着る

あらたまった場所へきもので出かける際は、やはり長襦袢の出番です。
ポイントは、衿をいかに美しく抜くか。手っ取り早いのは、えもん抜きを縫いつける方法です。なければ、えもんの真下、後ろ身頃の生地をグッと引いてみましょう。

えもん抜きの縫い付け動画はコチラ!

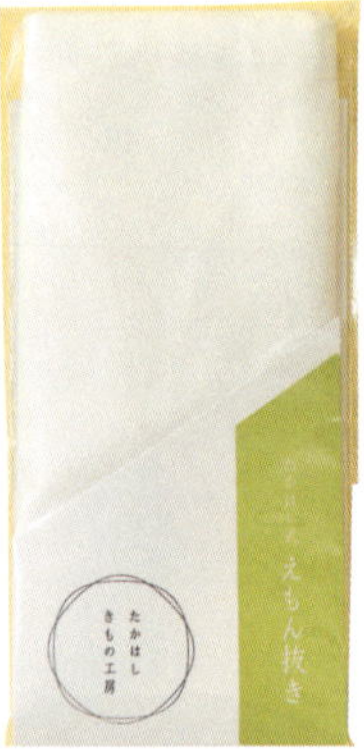

えもんがグラグラする、前にかぶってくる、と不安な人は、えもん抜きを使ってみてください。えもん抜きのない人は、襦袢の生地自体を下に引いてえもんを抜きます。

Point

衿の内側から肌着が見えないように気をつけます。ここ、意外と人に見られているポイントです。

1 えもん抜きを縫いつける

えもん抜きと半衿を縫いつけ、衿芯を入れます。三河(芯)衿芯を縫いつけた場合は、衿芯は必要ありません。

2 えもんの抜きを決める

衿先でセンターをとり、鏡に横向きの姿を映し、えもん抜きを引きおろしながらえもんの抜き具合を決めます。

3 えもん抜きを引き下げる ひもを内側へ

両手で引きおろしたえもんをとめるため、ついているひもを身八つ口から中に入れます。

4 引きおろしたえもんをおへそのあたりで固定

下向きに引きながら、おへそのあたりに結びます。

身八つ口から内側に入れたひもを、引き下げる力を損なわないようにおへそのあたりで結びます。

この後、きものを着るので、少し抜き気味でちょうどいいです。

5 身頃をかぶせる

生地を体からいったん離し、身頃を真横に動かして両胸を包むようにかぶせます。

Point

引きずるのではなく、かぶせるイメージで。左右の身頃を真横に動かす時に、生地を引きずって動かすのではなく、上からかぶせるように動かします。

6 胸ひもでとめる

身頃を重ね合わせたら、胸ひも、または伊達締めでとめます。帯を結んだ時の下線に伊達締めの下線が合うくらいの場所で結びます。

うまく、えもんが抜けないと思っている方、ぜひ正しい方法でえもん抜きを使ってみてください。えもんを抜くコツは明確に下に引きおろすイメージを持つこと。えもんが詰まるのは前が重いということを理解してください。下に引きおろしたままで体に吸いつけます。それでえもんはとまります。

たかはしキーワード

アンダーバストは締めない

苦しい着付けよ、さらばじゃ!

うそつき衿＋うそつき袖

ここでは、肌着を着た後のステップで、うそつき衿、うそつき袖をつけるところまでご紹介します。この後にそのまま、きものを着ます。

うそつきとは
きものを着る際の工程を省いたり、それらしく見せるものを「うそつき」と呼び、昔から使われていました。毎日、きもので生活していた時代は、今より斬新な工夫がたくさんありました。

うそつき衿

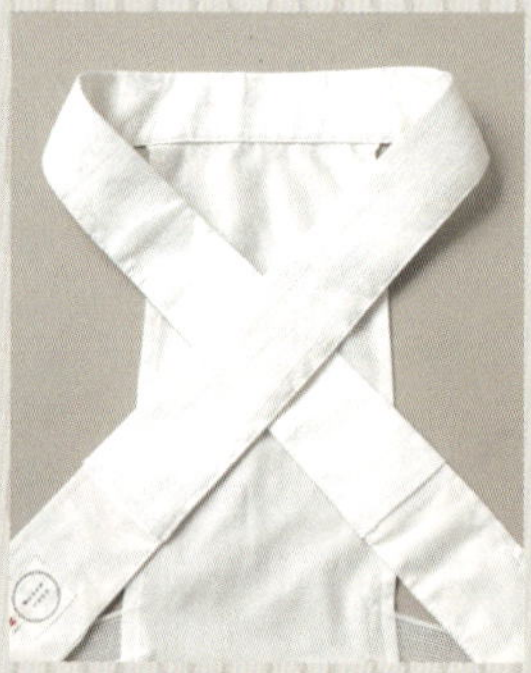

うそつき襦袢などに組み合わせて使ううそつき衿は、各メーカーによって仕様はさまざま。長襦袢を着なくても、きものの下から半衿がのぞいて、襦袢を着ているように見せかけます。

うそつき袖

うそつき襦袢などに組み合わせるうそつき袖。うそつき襦袢にマジックテープで袖を貼りつける形が一般的。貼る位置で多少、調整ができるので、きものの裄に合わせやすいです。

1　うそつき衿を肩にかけ、センターを確認する

うそつき衿に衿芯を入れて肩にかけたら、鏡を見てセンターを確認します。

Point

タグを見て、うそつき衿の表裏を確認しましょう。

2　えもんを引きおろす

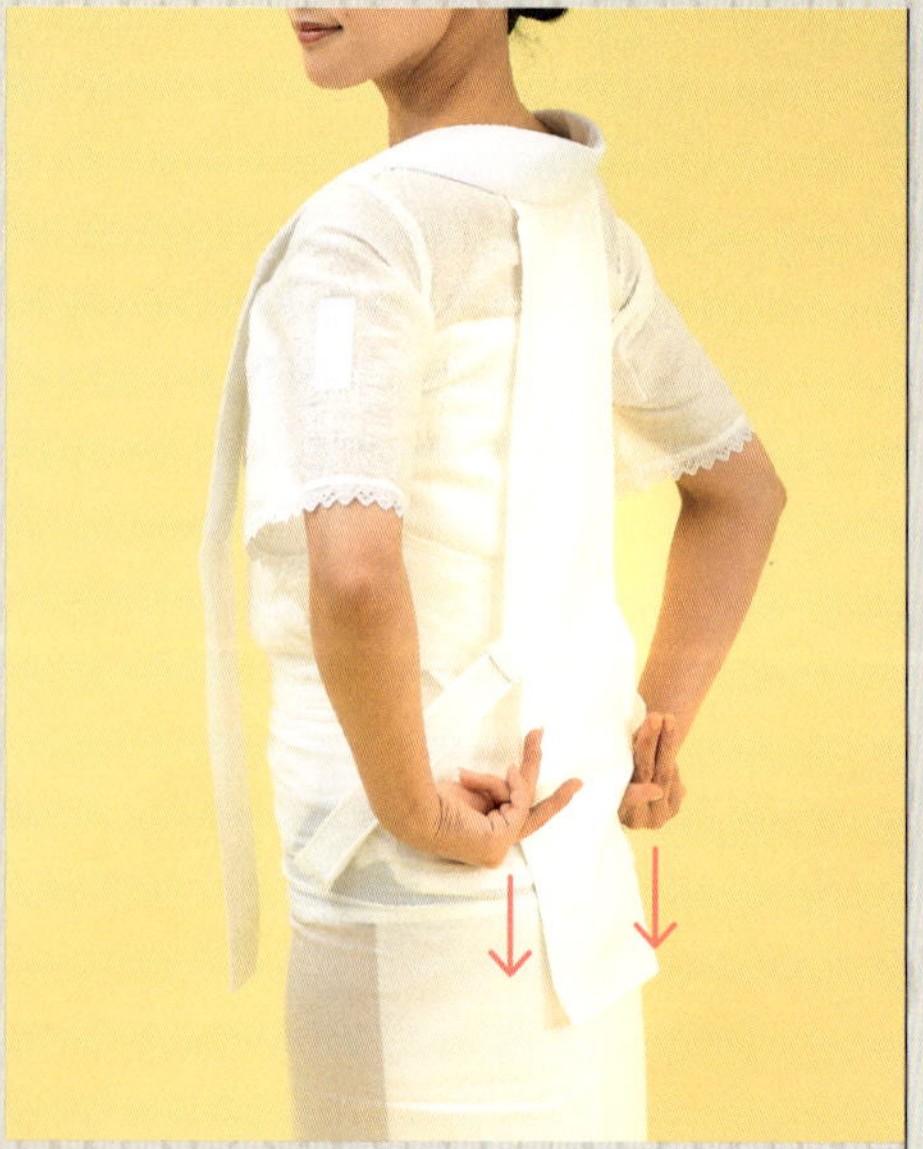

鏡に横向きの姿を映しつつ、えもんを好みの深さまで抜きます。

うそつき衿の カスタマイズ編

えもん抜きの長さ

ゴムベルトはウエストの一番細いところにくるのが目安です。えもん抜きが長すぎると衿がつまってくるので縫いつまんで調整しましょう。

ゴムベルトの長さ

キツすぎず、ゆるすぎない長さに調整してください。

衿の長さ

衿の長さが短すぎると、きものを着た後に、下から衿先を引っ張って衿元を整えることが難しくなります。襦袢の衿先に見合うくらいに布を足してください。長い場合は折り込みます。

参考動画は コチラ!

裄を調整する時は、身八つ口から手を入れて脱着テープの貼り付け位置を調整します。

3 ゴムベルトをとめる

両サイドのゴムベルトを前下がりになるように前に持ってきて、おへそのあたりでとめます。その後、襦袢の衿合わせと同じように衿を交差させ、ゴムベルトにはさみこみます。

うそつき衿の 着方は こちらの動画を チェック!

4 うそつき袖をつける

後ろに2カ所、前に1カ所、脱着テープがついているので、いったん、適当なところにつけ、きものを着た後で調整します。

日常きものの着付け
参考動画は
コチラ！

きものの着方

いよいよ、きものを着ましょう！
力加減など慣れないうちは、落ち感の強いやわらか物ではなく
紬などのきもので練習すると扱いやすいですよ。

きものを着る

前を打ち合わせる

まずはじめにきものを羽織り、下前（右手側）、上前（左手側）を打ち合わせ（重ね）ます。

1 きものを羽織る

シンプルに、まず羽織ります。

背中心を合わせる必要はありません。この段階では、ただ羽織るだけです。

2 衿先をつかみ、身丈を決める

鏡を見ながら衿先の近くを上からつかみ、きもの全体を持ち上げてから少しずつおろし、身丈の位置を決めます。

Point

衿先の近くを上からつかむ時の手は、親指が外、ほか4本の指が内側の向きです。

3 上前の位置を決める

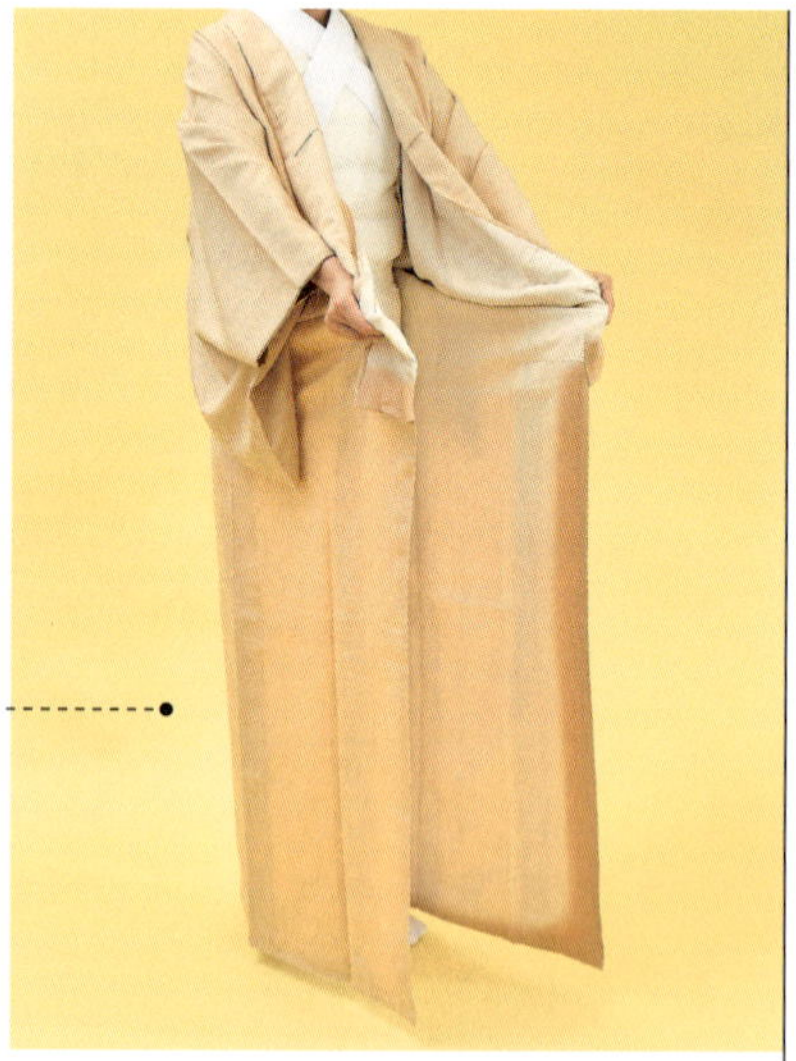

左手でつかんでいる上前を着あがった時の位置にかぶせて決めます。

Point

上前は右の脇線まで、を目安にします。マイサイズでないきものの場合は、下前で調整します。「上前を脇まで」は、ダサいとされてきましたが、日常きものという視点だと前がはだけにくいのでオススメです。

裾を決める

着姿のシルエットが裾すぼまりになると、シュッと美しいですね。ポイントは、L字の法則です。

4 裾の角を床と平行に動かす

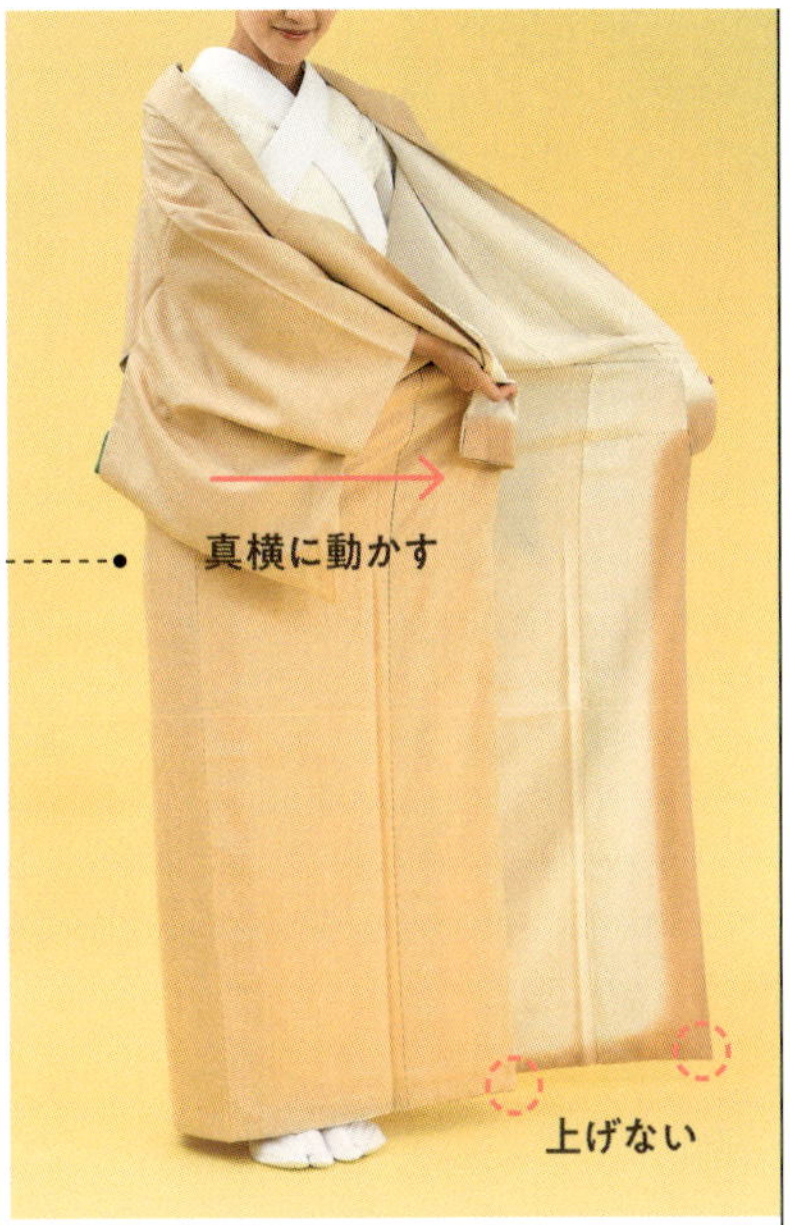

左手の上前を左へひらきつつ、右手の下前をかぶせるように真横に平行に動かします。この時、お尻を基点にして、前に生地を引きつつ動かします。

Point

お尻に、つねに生地がピタッとあたってることを意識しましょう！

5 下前をキュッと上げる

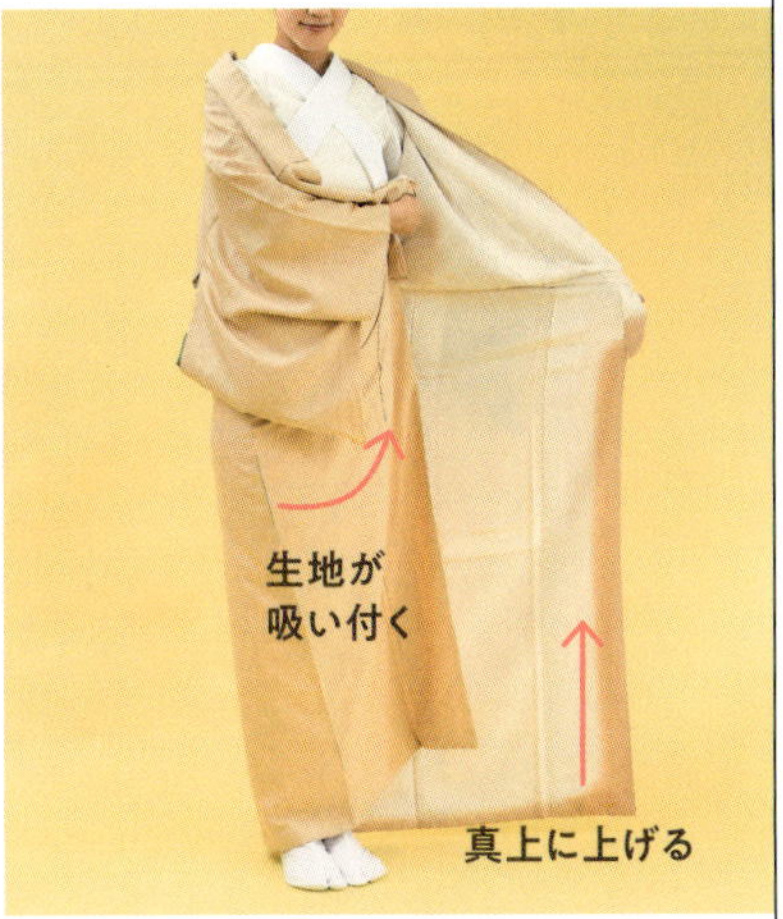

下前が決まったら、真横に動かしてきた右手を真上に20cmほどキュッと引き上げます。

6 上前をかぶせる

下前の上に左手でつかんでいる上前をかぶせ、下前の生地をはさんだら右手を抜き、上前を右手にバトンタッチ！上前の右手をグーで握って後ろに引きます。

7 裾を決める

上前の右手をグーで握って後ろに引き、真上に5cm引き上げて裾を締めます。

着くずれ防止の魔法の法則
「L字の法則」

真横から真上、真横から真下とLの字のように、まっすぐ生地を動かすことを意識します。生地の力、布目の力、糸の力を活かした着方のコツです。生地目を意識した着付けをすると、布にきちんと力が伝わり、体に吸いつくように着ることができます。

参考動画はコチラ！

たかはしキーワード
L字の法則

腰ひもをかける

たかはしスタイルの着方では、腰ひも1本だけです。つまり、それくらいポイントとなるところなので、じっくりご覧ください。

8 上前を握って後ろに引く

真上に
5㎝引き上げ、
裾すぼまりの
シルエットに。

（P43の続き）上前の右手をグーで握って後ろに引き、真上に5㎝ほど引き上げます。

9 右手の指に腰ひもをかける

グーで握っている右手の人差し指に腰ひものセンターを引っかけます。

腰ひもは
まんなかを
引っかけるように
するとGood!

10 左手で巻きつけていきます

しっかりお腹に
ひもがあたっている
感覚を意識しましょう。

左手で腰ひもを巻きつけます。しっかりお腹にひもをあてながら後ろにひもを持っていくイメージです。ココが締まるだけでOK!

11 背中でひもをクロスする

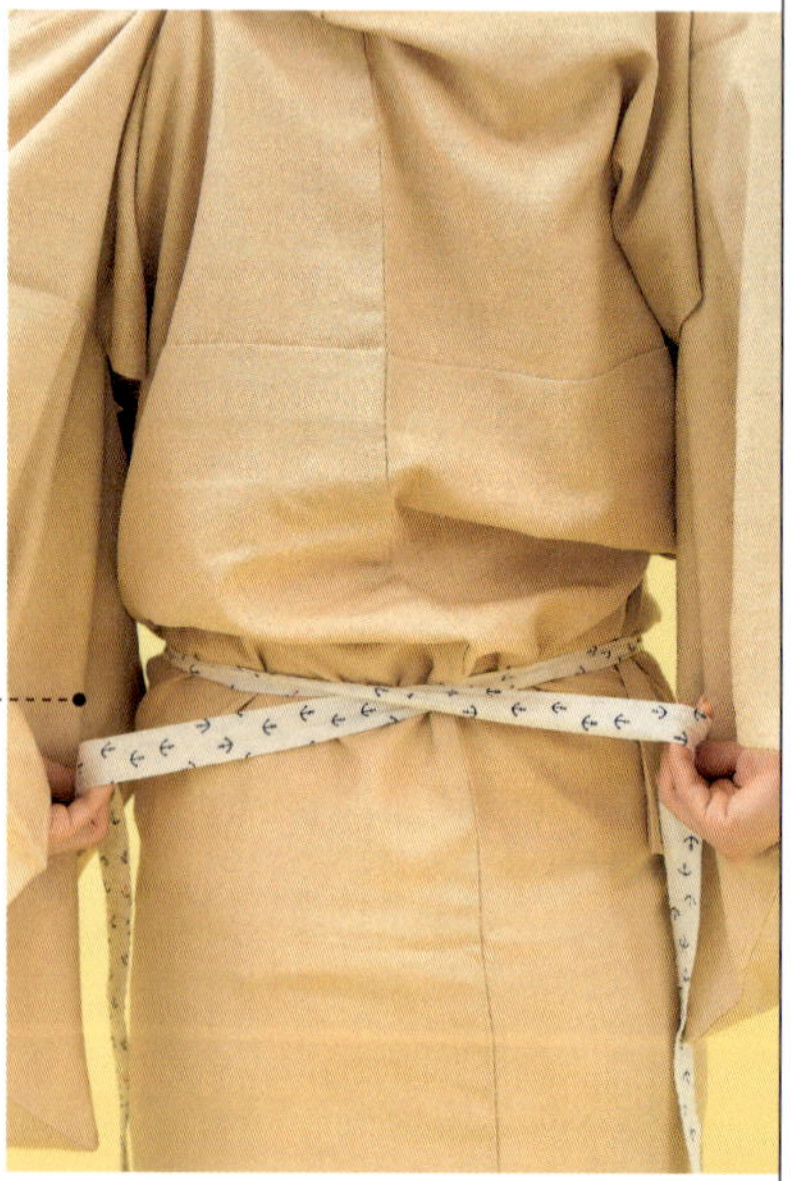

前面にひもがしっかりあたったら、ひもを握ったまま後ろに引き、背中でクロスするだけでOK。

Point

この時、ギューギュー締めなくても大丈夫ですが、ゆるいのはNGです。

女将のひもの結び方参考動画はコチラ!

背中心を決める

自分では見えないところなので、意識したいのが背中心。腰ひもを締めてから、背中心を決めます。

12 前でからげる

腰ひもを背中でクロスしたら前へ持ってきて、ひと結び。あとはからげるだけでOK。

身丈が長い時は、腰ひも2本使用。ここで身丈を整えます。

参考動画はコチラ!

13 おはしょりをトントン整える

身八つ口から手を入れ、おはしょりの前と後ろをトントンと整えます。

Point

この時、きものの重みでゆるんだえもんを引き直しましょう。腰ひもがしっかりと支えてくれます。

14 背中心を決める

かけ衿をあわせて背中心を決めます。

背中心が左にズレてしまいがちな人!

15 背中心をまんなかにするコツ

背中心が左にズレる時は、あらかじめ下前のかけ衿を長くとると着あがった時に背中心がまんなかになります。

女将の小技

背中心をまんなかにする!

女将の小技は、こちらをチェック

おはしょりを整える

たかはしスタイルの大きなポイントのひとつ「逆三角上げ」。着くずれた時に、ササッと直せる重要ポイントなので、動画も併せてチェックしましょう！

16 コーリンベルトをつける

わかりやすいように上前を脱がせました。

下前の衿を折り、腰ひもの近く、さわってみて骨のないところにコーリンベルトをつけます。

17 右の身八つ口まで三角に持ち上げる

三角部分を左手の親指で引き下げ押さえつつ、右手で余分な布を内側に入れ込みながら右の身八つ口に向かって持ち上げていきます。右腕の肘が肩と並行になるくらい上げてください。

たかはしキーワード
逆三角上げ

着付けのポイント「逆三角上げ！」参考動画はコチラ！

18 下前のおはしょりは放物線を描く

右手をおろしてくると、下前のおはしょりは、放物線を描いています。右手と左手の高さが揃います。

19 上前にもコーリンベルト

下前のおはしょりが放物線であるのに対して上前のおはしょりはまっすぐ整えます。上前の衿も整えたところで左右同じ高さにコーリンベルトをつけます。

Point

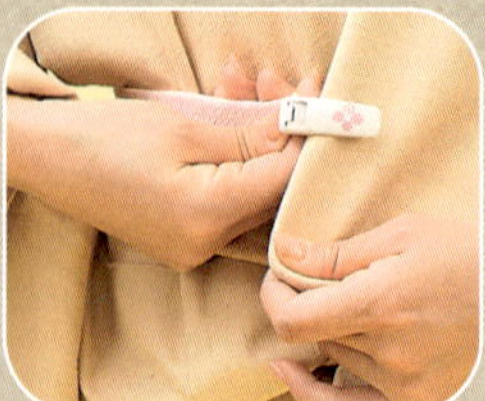

コーリンベルトのとめ口は平行または上向き

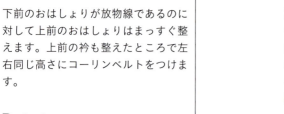

20 下前の衿がゆるんでも平気

下前のおはしょりは
こんなかんじです
ここを
引き下げる!

逆三角上げをすることで、下前の衿がゆるんでも、おはしょりごとつかんで引き下げれば、カンタンにゆるんだ衿が整います。

コーリンベルトはゆるすぎず、キツすぎず、体にあたるくらいがちょうどいいです。

21 背中のシワをチェック

ゴムベルトの内側に指先を入れて滑らせ、背中のシワを整えます。

帯を巻いてからでは、背中のシワをとるのは大変。この段階で背中がキレイになっているか鏡で確認しましょう！

たかはしスタイルでは、この後、帯の着付けへと進みますが、衿元が不安な方は胸ひもや伊達締めをお使いください。

▶コーリンベルトのつけ方参考動画はコチラ!

着くずれはもうこわくありません!

Point

多くの着付けでは下前のおはしょりを右手側を起点に左手に向かって三角形に折り上げる三角上げですが、たかはしスタイルは左手側を起点に右の身八つ口に向かってまっすぐ折り上げる逆三角上げをオススメしています。

次は帯結びです。

帯結び（名古屋帯）

手先を肩にかける

基本となる名古屋帯の帯結びです。帯の両端をそれぞれ、お太鼓の下に出るほうをタレ、お太鼓に差し入れるほうを手または手先といいます。

名古屋帯の帯結び動画はコチラ！

1 帯板をつける

ゴムベルト付きの帯板の場合、まず最初に帯板をつけます。胸元にクリップを2個はさんでおきます。

はさみ込むタイプの帯板の場合は、手順8のところ、帯のふた巻き目にはさみます。

2 手先を肩にかける

輪を首のほうにして左肩に手先をかけます。

3 手先をクリップでとめる

好みの長さのところで、手先をクリップでとめておきます。

帯が短かければ浅め、帯が長ければ深めに手先を肩にかけます。

4 背中で折り上げ、右まわり

背中で帯を90度、外側に折り上げ、右まわりで巻きはじめます。

結びやすい名古屋帯の長さの標準目安
＝自分の身長＋215㎝
※これに体格を加味して足し引きしてください。

キュッと締めつつ、ふた巻き

帯を引き締める時は、体の真横に引くのではなく背中の横で引くイメージです。

5 右手から左手にバトンタッチ

巻きはじめた右手が前まできたら後ろで押さえている左手にバトンタッチ。

6 まず、ひと巻き

右手は帯の上を手のひらでなぞるように（☆）まで移動。左手で後ろまで巻きつけて、ひと巻きです。

7 人差し指に引っかける

背中で左手からもう一度、右手に帯をバトンタッチしたら（☆）に左手の人差し指を引っかけて、気持ちいいくらいの締め加減でクッと引き締めます。

8 ふた巻きしたら、ほどよく締める

ふた巻きしたら、もう一度、7と同じように、ほどよく締めます。

9 ふた巻きしたら、下からクリップ

ふた巻き目まで重なったところを右手で下から持ち、二枚重なったところを背中心より左側に下からクリップでとめます。

10 タレの根元を内側に折り込む

クリップでとめた上の、タレにつながる根元を内側に折り込み、タレ先を背中のまんなかにおろします。

手先をとめる

お太鼓結びのポイントのひとつとなるのが、ここです。手先の余りをしっかり背中側に引き込みましょう。

11 手先を背中側におろす

胸元のクリップをはずし、手先を背中の後ろにおろします。

背中側におろした手先は、左脇を通って前に持っていきます。

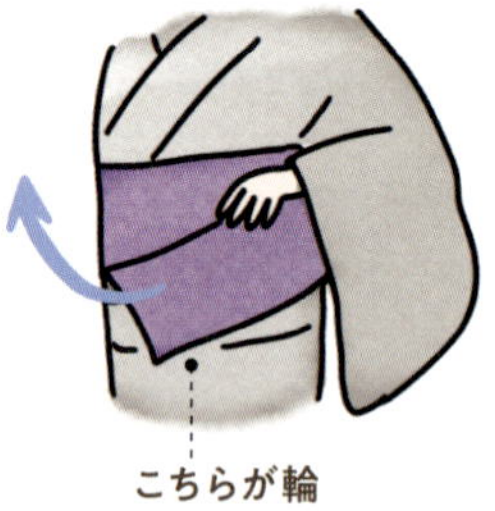

12 手先を前でとめる

背中におろした手先を輪が下になっているか確認して、左の脇から帯に添うように前に持ってきて、クリップでとめます。

Point

スレンダーな方は右胸の下に、ぽっちゃりさんは中心まで。帯のデザインや出したい柄によって手の長さを変えます。

13 手先をなぞって余りを後ろへ

手先を左手で背中側までなぞって生地の余りを背中に寄せます。

14 クリップをとめ直し手先の余りを中央へ

13で寄せた手先の余りを右手で背中の中央に引き込み、9 のクリップで手先も一緒にとめます。

Point

手先の余りが三角になりますが、これが帯枕の支えになります。

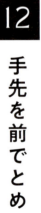

帯枕を入れる

いよいよ帯枕をのせます。まず、帯枕の向きに注意して持ちましょう。帯の柄などを見ながらお太鼓を作る位置も考えます。

15 帯枕を両手で持つ

両手を後ろでまっすぐおろしたあたりで帯枕を両手で持ちます。

16 帯枕の向きは上下逆さま

お太鼓に持ち上げる時にクルリと一回転するので、ここでは帯枕の向きは上下逆さまに持ちましょう。

Point

ポイント柄の帯など、デザインにより帯枕の位置を考えましょう。

17 帯枕を帯の中に入れ一緒につかむ

指先に全集中！

帯枕をつかんでいる親指を帯の外側に出し、帯も一緒に真横にまっすぐつかみます。両サイドにパンッと帯地を張るように。

18 お太鼓の山を作る

帯山の生地目に対して帯枕がまっすぐなら、クルリと手首を返しただけでキレイに整います。

気をつけよう！

お太鼓をのせる

P50手順**14**でできた手先の余りを土台にして、その上に帯枕をのせるイメージです。土台の上にのっていれば落ちる心配はありません。

19 お太鼓をのせる

P50**14**の三角を乗り越えるように、体から離してお太鼓をのせる意識で背中の上部に上げます。その後、ククッと枕ひもを引きおろします。

枕を「持ち上げる」というより、枕に背中を近づけるイメージです。

Point

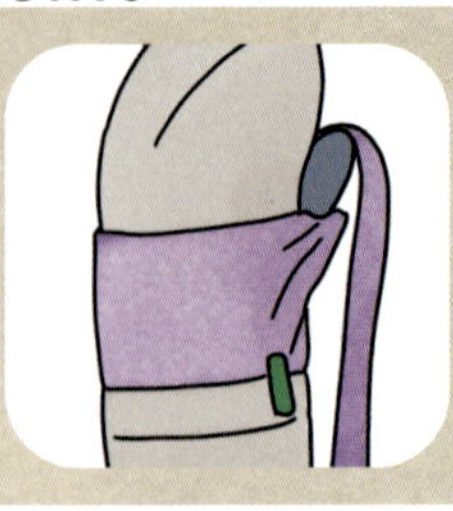

「のせる」なのです。ひもで縛ってとめるではありません。背中にある帯の三角の山に帯枕をククッとのせ、引っかけます。

20 アタリを感じる

手先の余りの三角部分。

巻いている帯の重なりと手先の生地の余り部分の三角の山に引っかかった手応えを感じてください。

21 前で枕ひもを結ぶ

枕ひもを前でゆるめに結びます。

22 枕ひもを深く入れ込む

締めつけ禁止です！

枕ひもを帯ときものの間に、グーッと深く入れ込みます。

Point

まずまんなかをグッと入れたら、次に左右を片方ずつ、脇までググッと押し入れます。両脇を入れたら、もう一度、まんなかを入れ込むことでお太鼓がしっかりと背中に吸いつき、安定します。帯枕をギューギュー縛らないので、息苦しくなく、キレイな胸元になります。

応用

帯の中にグッと入れ込んだ枕ひもを帯の下から引き出すと、より帯枕が安定します。下から出したひもは結び直して帯の中に戻します。

帯枕の下、お太鼓の中を整える

お太鼓の中がぐちゃぐちゃだと横から見た姿がキレイに見えません。

23 帯枕の下のたわみを開く

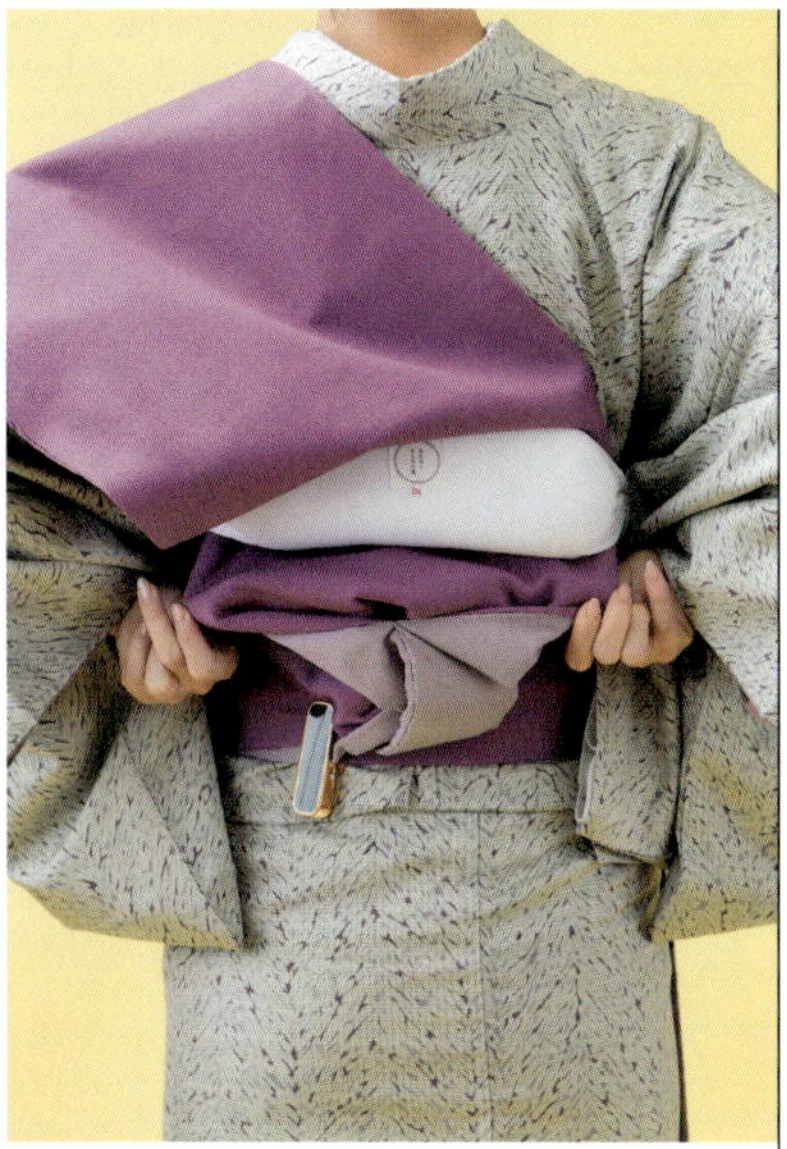

帯枕をのせた布のたわみを、両手で左右に開き、整えます。

24 手先の余りを右に突っ込む

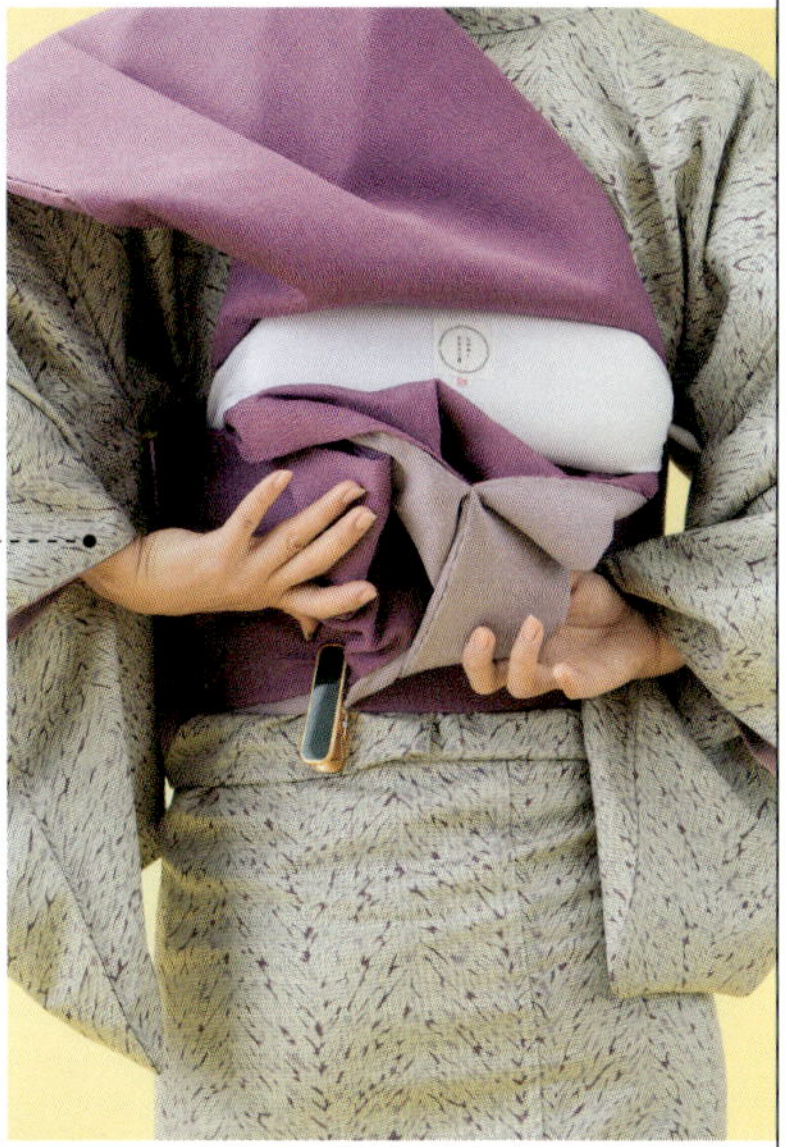

手先の余り部分を先ほど整えた三角部分のポケットに入れ込みます。

Point

なるべく平らにすることでお太鼓の形が整い、お太鼓の左脇がキレイに整います！

帯枕をのせる参考動画はコチラ！

25 お太鼓の内側を整える

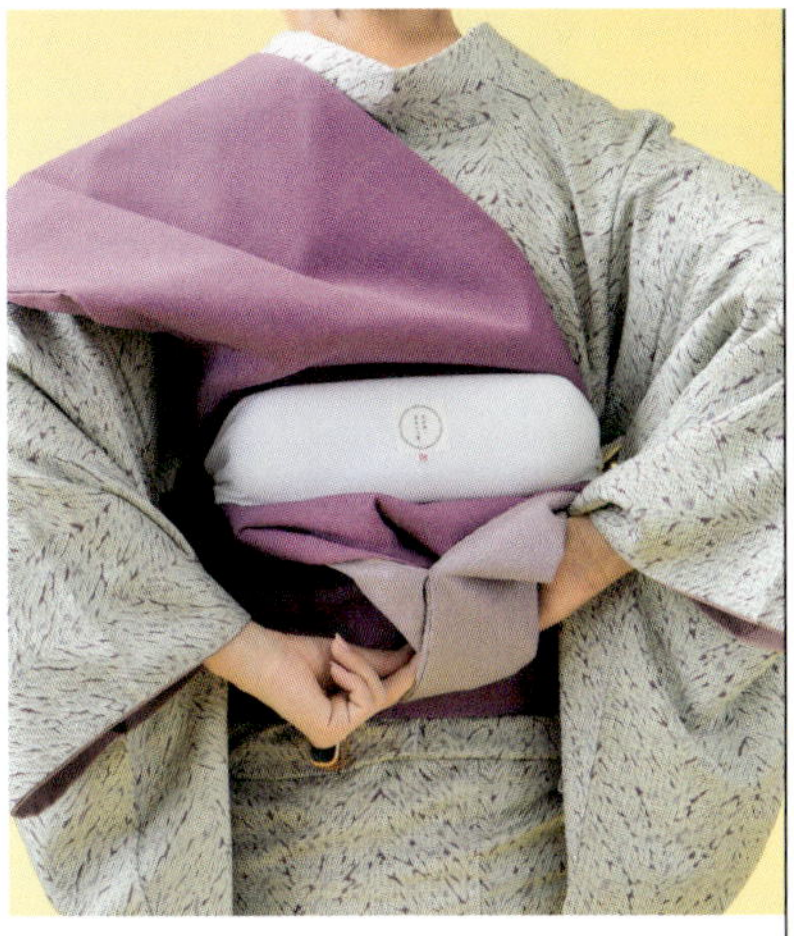

右手でもアシストし、入れ込んだ手先の余りを帯枕の下で平らに整えます。

手先がキレイに入り込んでいます。これにより、手先はカンタンに整います。

キレイに整いきらない時は、出っ張りをトントンとたたいて潰してもかまいません。

帯揚げ

帯揚げは、見える部分は少ないのですが、意外と目立つアイテムです。ここは落ち着いて、ひとつひとつ丁寧に進めましょう。

1 帯揚げを2/5畳み幅を整える

帯揚げを横長に両手で持ち、18㎝ぐらいになるように折り畳みます。一般的な帯揚げで2/5ぐらいです。

帯揚げを片手に持ち直します。右、左、どちらでもかまいません。

2 帯枕にかける

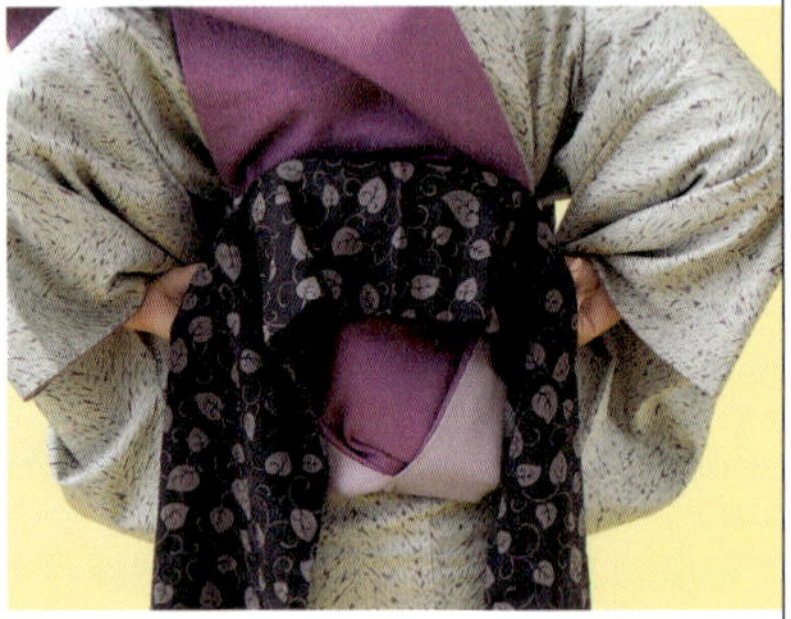

折り畳んだ2/5を持ったまま後ろ手にまわして、帯枕に上からかけます。

3 前に引く

左右対称ではなく帯揚げの左を15㎝ほど短く持ち、前に引きます。上が輪になっていること確認しましょう。

4 下1/3を畳み込みながら前にクィッと引く

片側ずつ整えていきます。まず帯揚げの下側1/3を畳み込みながらグッと前に引き、布を張ったまま折り上げます。

帯揚げは、前に引いた状態を保ちましょう。

5 さらに半分に折る

まんなかに指を入れて、さらに半分に折り上げます。

6 後ろにスーッと引き抜く

帯枕に向かって指先をスーッと滑らせていきます。できたらいったん前帯にはさみ、反対側も同じく整えます。

参考動画はコチラ!

帯枕に帯揚げをかける時、帯枕に帯揚げをグルリと巻きつけず、帯枕に対して「C」の形でかぶせると脇がキレイに整いやすいです。

7 左を上に重ねる

きものの重なりと同じく左を上に重ねます。

8 ひと結びする

体のまんなかでひと結びします。

9 左手の帯揚げを引き下げる

ひと結びして下になった左手の帯揚げだけを引き下げます。これで結び目が平らに整います。

10 右手を包むように

結び目のところに右手を真横に入れ、手の甲を包むように右手の帯揚げをクルリと巻き、余った帯揚げは右手にはさみ込みます。

11 もう片方を輪に通す

右手の輪の中に、下に垂れている左手の帯揚げを通して、引き出します。

12 片輪結びにする

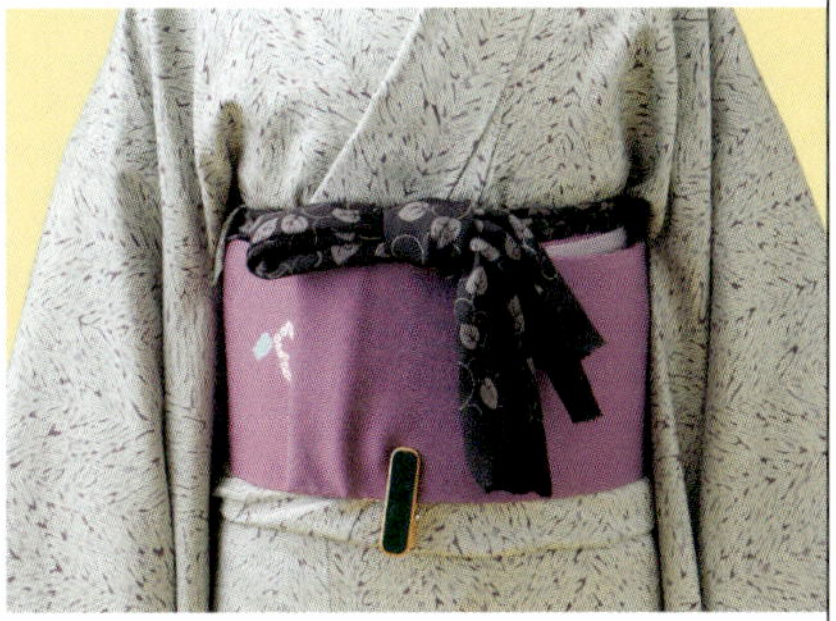

引き抜ききらずに片輪結びにすると結び目が大きくきれいです。

13 きものと帯の間に入れる

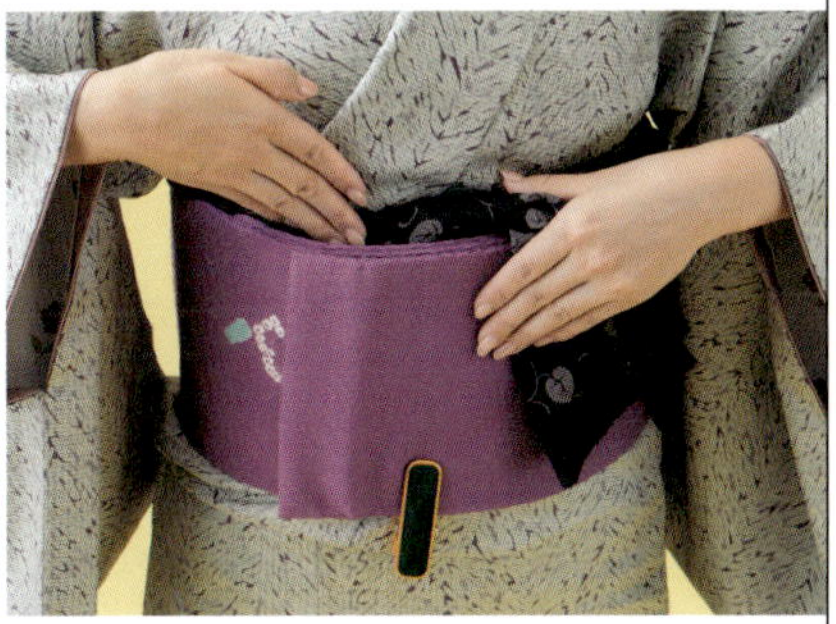

結び終えた帯揚げの余りは2本一緒にクルクルと巻いて、結び目の下にまっすぐ入れ込みます。

14 結び目を整える

結び目をきれいに整え、帯から見えている帯揚げのバランスなども鏡で確認します。

お太鼓の形を決める

お太鼓の形やタレの長さは、着る人の身長や体格、好みによって、さまざまです。

1 仮ひもを入れ、お太鼓の大きさを確認

お太鼓の山から25cmほどのところの内側に仮ひもを入れます。仮ひもの内側に親指、外側にある中指と人差し指で帯も一緒につかみ、人差し指で帯を内側に折り上げます。鏡で、お太鼓の大きさを確認します。

2 帯のタレを折り入れる

どちらかの手を仮ひもが通っているお太鼓の中央に移動させ、その手を体から離し、空いている手でタレを持ち上げます。

3 お太鼓を整える

この時、お太鼓を上へ持ち上げないように気をつけましょう。形を鏡で確認してください。

4 仮ひもを前で結ぶ

お太鼓の大きさが決まったら、仮ひもを前に持ってきて、おはしょりの上で結びとめます。

5 手先を後ろにまわす

クリップをはずし、手先の端をつかんで、クルリとめくるように後ろにまわして、お太鼓の中に通します。

6 手先を入れる

右手をお太鼓の中に入れ、手先を迎えにいきます。

この時、左手の人差し指を手に引っかけるようにガイドします。

ゆっくり手先をお太鼓に入れます。

日常お太鼓のススメ！
参考動画はコチラ

帯締め

さぁ、いよいよ最終段階の帯締めです。
帯締めはつねにククッと力を入れた状態で結ぶとキレイです。

1 手先の上に帯締めを通す

帯締めは、お太鼓の中、手先の上を通すように入れます。

2 帯締めを前に引くように持つ

帯締めをお太鼓に通し、背中で感じるくらい、しっかり前に引きます。

3 左を上に重ねる

左右同じ長さで両手に持ち、衿合わせと同じく左側の帯締めを右側の帯締めの上に重ねます。

4 ひと結びする

前に引いた帯締めがゆるまないように左手の親指と人差し指で交差したところを押さえたら、左側の帯締めを下から通して、ひと結びします。

▶帯締めの動画はコチラ

5 下から握り込む

帯締めを下から握り込むように小指同士を近づけ、前に引きながら締めます。

6 何度か引き締める

小指同士を近づけ、前に引きながら締める、を何度か繰り返し、しっかり締めましょう。

7 左に輪を作る

帯締めを下から4本の指で握り込んだまま左手側の帯締めを手首を返すように下から上にまわして輪を作ります。

8 結び目を押さえる

結び目と左手側の帯締めで作った輪を、ゆるまないように指先でしっかり押さえます。

続きます

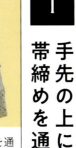

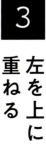

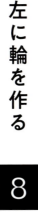

9 左の輪に通す

左手側の輪の中に右手で握っている帯締めを通し、引き抜きながら締めます。

10 余りは両脇に引く

余った帯締めを両脇に引きます。

11 房のそばではさむ

帯締めの房のそばで、上から下にはさみ込みます。

12 完成！

おはしょりを整え、仮ひもとクリップをとって完成です。

帯締めいろいろ

帯締めは、きものの格などによって使い分ける、というのが一般的です。しかし、あまり難しく考えず日常きものを着る際にはファッションとして楽しんでみませんか？

帯留と、それに通す帯締め（三分紐）も、きものをおしゃれに楽しむポイント。ごちゃつく三分紐も、プラスチックケースを活用して収納。

帯締めはコーディネイトを決める重要アイテム！

帯にもいろいろありまして

「帯」とひと口に言っても、いくつか種類があるので、それぞれの特徴などをご紹介します。

名古屋帯

八寸名古屋帯

織りで芯を入れずに使います。博多織や自然布の帯などが代表的なものです。織り上がった帯幅、そのままで使います。

九寸名古屋帯

中に帯芯を入れて仕立てる帯で、胴部分は巻く幅に折って仕立てるものが多いですが、開き仕立てもあります。染め、織り、どちらもあります。

Point

八寸、九寸とは、帯の幅のことをさします。九寸は縫い代の分だけ広いのです。

袋帯

礼装に合わせる織りの帯を袋帯といいますが、織りや柄により略礼装やあらたまった場でも使われます。柄向きで、紬などに合わせるしゃれ袋帯もあります。

それぞれの帯の特徴を知って、コーディネイトに活かしてみましょう！

半幅帯

一般的な帯幅の半分の幅の帯。綿やウール、紬など素材もいろいろです。紗や絽といった夏専用のもの以外は、ほぼ通年で使えます。半幅帯でも小袋帯といわれるものは袋帯と同じくらいの長さがあります。

帯結び（袋帯）

二重太鼓

あらたまった場で、礼をつくす装いの時などの帯結びです。

ちょっと慣れてきたら、コチラも参考に

1 タレをまっすぐに持ち、開いて両手で持つ

P50 名古屋帯の手順14の続きからです。

2 仮ひもをかける

タレ先がまっすぐにおりるように開いたら、根元の山がなるべく上方になるように仮ひもでとめます。

3 帯枕をあてる

タレ先から30㎝ほどの表側に、帯枕を上向きにあてます。

4 お太鼓の下に帯枕を入れる

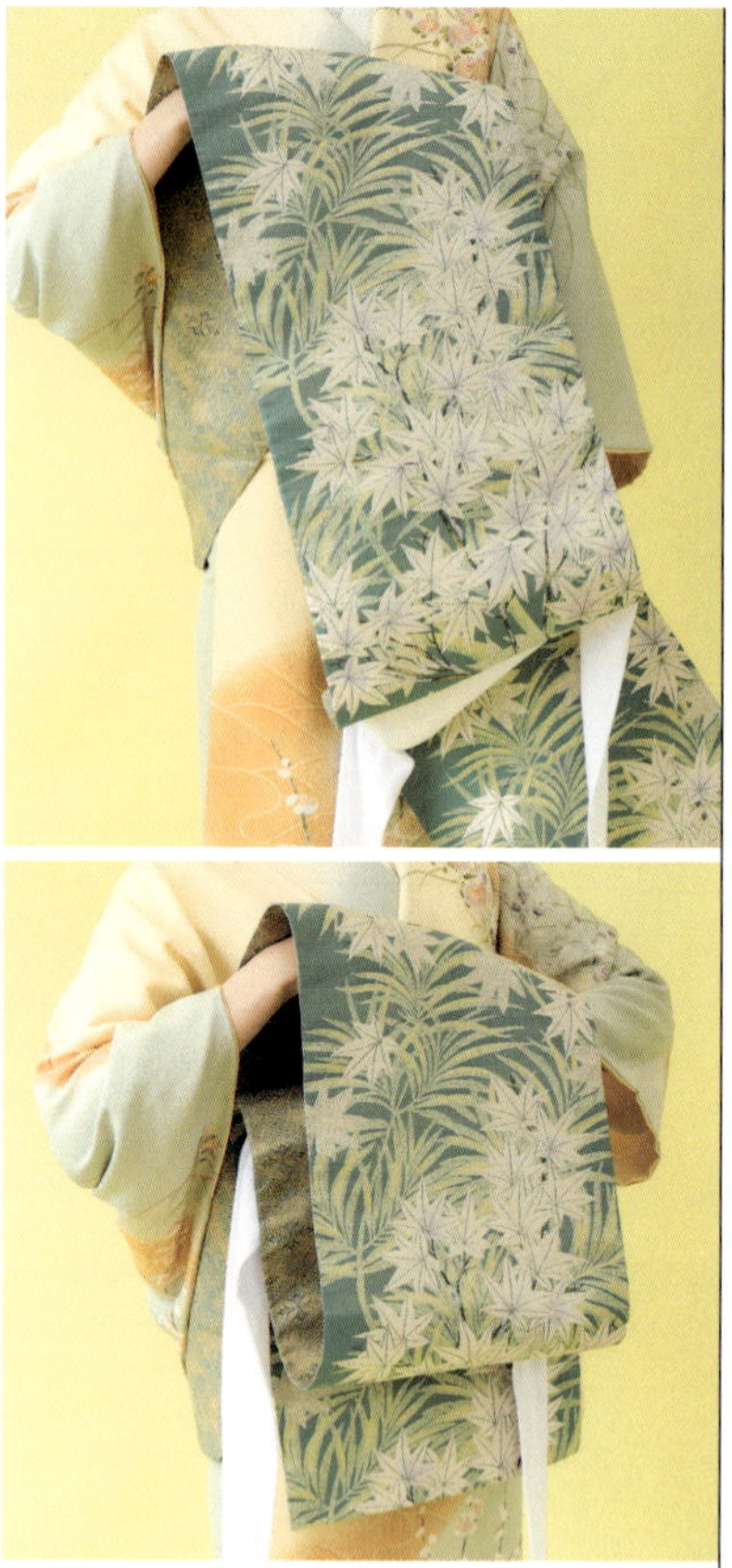

片手を離し、お太鼓部分の下に入れ込みます。

5 両手でまっすぐにつかむ

帯幅に対して両手でまっすぐに帯枕、帯を一緒につかみます。

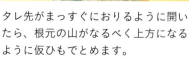

6 滑らせるように持ち上げる

二重太鼓の外側の1枚からは手を外し、中の1枚と帯枕だけをつかみ直します。2枚の帯と帯枕をピッタリ重ねたら、そのまま上に滑らせるように持ち上げます。

7 帯枕をのせる

手先の余りの土台の上に、帯枕をのせ、枕ひもを前にまわし、名古屋帯の時と同じように結びます。

8 帯揚げを帯に入れ込む

帯枕の結び目を帯板ときものの間にグッと入れ込んだら、帯揚げをかけます（帯揚げの手順はP54参照）。

9 仮ひもを抜く

手順2でとめていた仮ひもを抜きます。

10 お太鼓の位置に仮ひもを入れる

お太鼓の上部から25cmほどのところに仮ひもを入れ、形を整えます。

11 完成

※帯締めはP57〜58をご参照ください。
鏡で全体をチェックして完成です！

袋帯の直し方
参考動画は
コチラ！

半幅帯の結び方

一般的な「矢の字結び」の、ちょっと変形です

変わり矢の字

いろいろな帯結びを自由に楽しめるのが半幅帯。半幅帯は格好モノ。仕上がりの美しさを意識して、チャレンジしてみましょう。

1 手の長さを決める

20㎝ほど長く手先をとります。

2 半分に折る

手側を内側に半分に折ります。

3 さらに半分に折り上げる

2で半分に折ったところを、さらに半分に折り上げます。

4 クリップでとめる

3で折ったところを帯板と一緒にクリップ（小）でとめます。

5 ふた巻きする

手先は右肩にかけ、ふた巻きしたら、背中のほうでキュッと引き締めます。

6 タレ側を上に重ねる

手先を斜め下におろし、タレ側を上に重ねて右手でつかみます。この時、左手は前に引いてください。巻いた帯がゆるみません。

7 上に引き出す

手先を下に引きつつ、タレ側を上に引き出します。

8 タレ先の長さを決める

タレ先を残す長さを見つつ、上に引き出します。

9 クリップでとめる

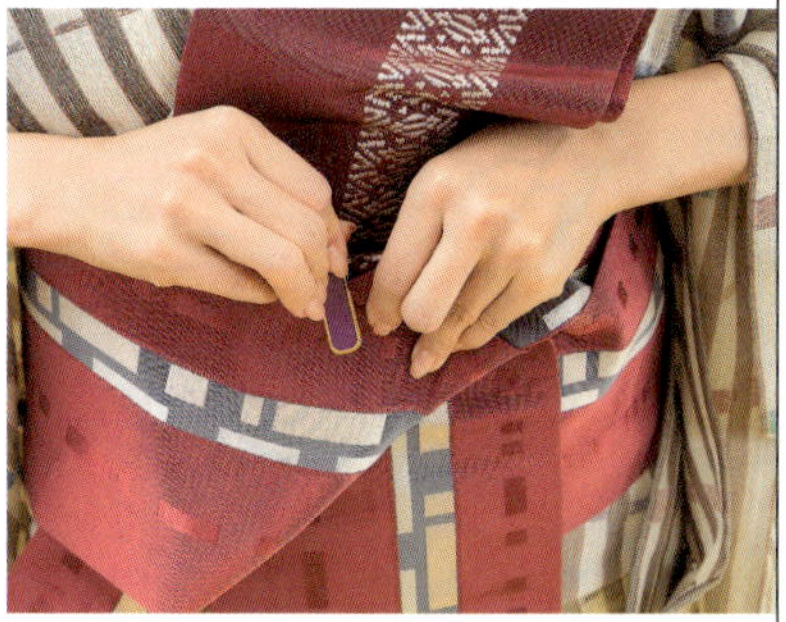

帯の交差したところを4で使ったクリップ（小）でとめます。

10 輪を作る

上に引き出したタレの輪をおろして内側に折り畳みます。

11 手先を入れる

手先を折り返して、10で作った輪に入れます。

12 帯締めを通す

帯締めを通し、背中側で仮結びしておきます。

13 形を整える

山になったところや、下の羽の長さなど全体のバランスを整えます。

14 完成

帯を背中側にまわして、完成です。

帯をまわすと背中のきものがたわむので、帯の下側のおはしょりの上の生地を下に引いて、たわみを整えましょう。

▶動画はコチラ！

カンタン花結び

大人気の半幅帯結び「花結び」を、もう少し簡単にできるように改良した「カンタン花結び」です。長めの半幅帯がオススメです。

1 手の長さを決める

手先を10cmほど長くとり、P62 手順3～5と同じく、クリップでとめます。

2 タレ先を上に重ねる

ふた巻きしたら、タレ先を上に重ねて引き締めます。

3 下からくぐらせ、締める

タレ先を下からくぐらせ、15cmほど輪を出したらキュッと締めます。交差したところを手順1で使用したクリップでとめます。

4 手先を輪に通す

作った輪に手先を折り返して輪に通します。

5 タレ側を下に引きおろす

タレ側を持って下にキュッと引きおろします。

6 タレ先を結び目に通す

タレ先を20cmくらい残して折り返し、結び目に下から通します。

7 好みの長さで下の羽を残す

折り返したタレ側の根元を好みの長さを残してタレ先を引き上げます。

8 重なった羽を広げる

バランスを見ながら、重なった羽をずらして広げます。

9 お太鼓を作る

広げた羽を内側に折り畳み、お太鼓を作ります。

10 形を整える

お太鼓の大きさや、下の羽のバランスを見て形を整えます。

11 帯締めを通す

お太鼓に帯締めを通し、背中で仮結びします。

12 両脇を引き締める

お太鼓の両脇をキュッと引き上げるとハート型っぽいお太鼓に。

13 完成

帯を後ろにまわして、完成です。

カンタン花結びの動画はコチラ！

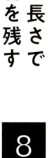

あなたの着くずれ一発解消！

きっちり着付けているつもりでも、
仕上がりはいつも、なんとなく気に入らない。
外に出かければ、なぜか衿が、おはしょりが、お太鼓が……。
いつもきれいな着姿の人に憧れます！なぜ、私は着くずれるの？

着くずれ全般について参考動画はコチラ！

衿

えもんが、どうしてもうまく抜けません。抜いたつもりが、かぶってきちゃいます！

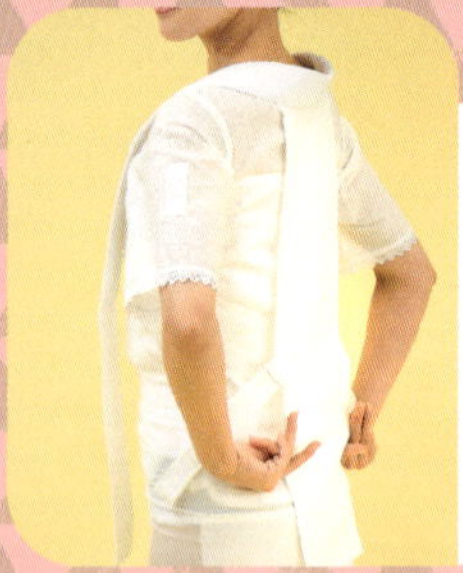

長襦袢なら、えもん抜き、うそつき派ならうそつき衿のえもん抜きを、しっかり下に引き下げましょう！　締めてとめるのではなく、引きおろしてとめるイメージが大切です。最初は、少し抜き気味にしておくと、着あがった時にちょうどいい具合になっていると思います。

衿元が、グズグズ、パカパカします。

衿の着くずれは、よく聞きます。まずは、43ページで紹介しているL字の法則をご覧ください。生地を真横、真下または真上と引いて、体に吸いつくように着ることが第一。生地がゆがんだまま着付けては、結局、着くずれることになります。次に、衿の着くずれというと胸元に補整を足すようにいわれることもありますが、原因は腰まわりにあります！　骨盤をたてるように補整して、下腹や腰肉の盛り上がりを締めておかないと、上身頃の着くずれを招くのです。腰まわりの補整は26ページを参考にしてください。

襦袢の衿が、いつの間にかきものの下にもぐって、いなくなってしまいます。

胸のまんなかに谷間はありませんか？ タンクトップブラもそうですが、胸の谷間に衿が捕まると滑ってしまうために、衿がもぐるのです。胸のまんなかが一番高い状態で、胸の脇に衿が引っかかるようなら襦袢の衿は動きませんよ。

袖

きものより襦袢の裄が長いです。

いただいたきものと襦袢の裄が合わないということはよくあります。長襦袢のほうが長い場合は、肩のところをつまんで軽く縫いとめるか、安全ピンでつまみましょう。うそつき袖なら、脱着テープを貼りなおせば長さを調整できます。うそつき袖は、こういう場合に便利です。

きものより襦袢の袖丈が1cm短いんですが、着ても大丈夫ですか？

参考動画は
コチラ！

きものの袖丈より襦袢の袖丈は少し控えて仕立ててあります。日常できものを楽しむ場面では、襦袢の袖が飛び出したりと、あまりにそぐわないのでなければ、ノープロブレム。逆に襦袢の袖丈が長い場合は、袖の底を折ってしまえば問題ありません。

おはしょり

母親のきものを着ようと思ったら、おはしょりが少ししかとれなくて、どうしたらいいでしょうか？

いただいたきものが大きくて、おはしょりがかなり出てしまうのですが……。

参考動画は
コチラ！

おはしょりがあまりとれない時は、腰ひもの位置をいつもより下にすると、おはしょりが長めにとれます。もしくは、おはしょりを帯の下に畳んで入れ込み、おはしょりがない対丈（ついたけ）のように着てみてください。逆に、おはしょりが長すぎる時は、いつものとおり腰ひもを締めたら、短くしたいおはしょりの長さの半分ほど上側に、もう一本、腰ひもを締めます。これだけで、おはしょりがぴったりになるので、試してみてください。

おはしょりがモコモコ、ぐずぐずして、気になります。

参考動画は
コチラ！

前がモコモコしてるなら逆三角形上げ（P46参照）をオススメします。脇がぐずぐずしてるなら、脇にタックをとらずに背中のほうでタックをとりましょう。生地のゆがみ、余りをひとつひとつ意識して着付けるだけでも、着姿が変わります。

お腹まわり

**帯を締めると、
下腹ぽっこりが気になります。**

参考動画はコチラ!

下腹のお肉は、目立つだけでなく、帯を押し上げて着くずれを誘発する原因になります。腰まわりの補整で骨盤をたて、帯から下はまっすぐおりるシルエットを意識しましょう。ウエストパッドのつけ方については、27ページを参照。

反り腰の場合、どうしたらきれいに着付けられますか？

背中とお尻の段差が大きい方は、腰の補整に使うウエストパッドに部分補整用パッドやお手持ちのタオルなどを組み合わせ、段差を埋めるように意識しましょう。背中とお尻の段差が大きいと、お太鼓をした時に、タレの部分に変なシワが出たり、形がうまく決まらないことが多いです。

**なんとかお太鼓ができた!と思ったら、
歩いているうちに、タレが落っこちてしまいました!
帯締めは締めたのですが、まだ弱かったんでしょうか？**

参考動画はコチラ!

そもそも帯自体が短くて、タレになる部分が帯締めでしっかり押さえられていなかったか、帯締めをつけた位置がズレていたか、結び方がゆるかったなど、理由はいくつか考えられます。帯締めをする際、手先の中のタレにつながる部分の上を通っているのか、きちんと鏡で確認しましょう。また、帯締めは、しっかりと下から持って何度か引き締めたら、ゆるまないように結んでください。

帯

帯がずり上がってきてしまいます。

はい、この本では何度かご紹介していますが、原因は下腹や腰まわりです。立ち座りなどの動きによって帯を押し上げてしまいます。これにより、衿元の着くずれにつながります。

帯枕をしても、帯締めをしても、どうしても帯が落ちてしまいそうです。何がいけないのかまったくわかりません。

▶参考動画はコチラ

帯枕、帯締めをしているのであれば、物理的に落ちることはないのですが、落ちてしまいそうな気がする、ということですね。
なぜ、そう感じるのか。帯を体に巻いていく時に、ひと巻きごとに、しっかりと引いて気持ちいいくらいの強さで締めていますか？　もしかしたら、ここでゆるゆるになっているため、落ちてしまいそうに感じるのかもしれません。または、腰まわりの補整が十分でないため、帯が不安定になっていることも考えられます。ウエストパッドなどで腰まわりの補整をして骨盤をたて、くびれを埋め、帯は下線を腰骨に引っかけるイメージで帯を締めてみましょう。

帯がやわらかいためか、なかなかお太鼓の形が決まりません。

やわらかすぎる八寸名古屋帯の場合、お腹とお太鼓部分にかための帯芯を張りつけることをオススメします。九寸名古屋帯や袋帯の場合は、帯芯を張りのあるものに入れ替えることをオススメします。また、大きめの帯枕を使うとお太鼓は整いますよ。

帯がかたすぎて結びにくいです。

▶参考動画はコチラ！

帯芯の入っているものなら抜いてしまうか、帯芯を薄いものに取り替えるといいでしょう。もうひとつオススメの方法は、作り帯です。切らずにクリップでとめて作る作り帯は、自分でカンタンにできます。

気になるのは
季節の約束事…

季節のとり入れ方は、少しずつ

▶コチラの動画も
ご参考に！

季節の移ろい方
～きもの編～

季節の移ろい方
～帯編～

きものを着はじめると、季節の移ろいに合わせたコーディネートについて、悩まれる方もいらっしゃるのではないでしょうか。

以前、「きもの英」の女将、「津田家」の女将と、それぞれが考える季節の移ろいに合わせたきものについて、Youtubeで配信させていただいたことがあります。おふたりとも、それぞれのお考えがあるなかで、結論としては自分自身がどうしたいかが一番、となりました。T.P.Oに合わせるのは大前提として、日常的に楽しむファッションとしてのきものなら、なんでもありと考えます。

たとえば私は、暑くなる季節に向かっていく時、寒くなる季節に向かっていく時、コーディネートを考えながら半衿や帯揚げなど小物から少しずつ季節を取り入れていく感覚が大好きです。

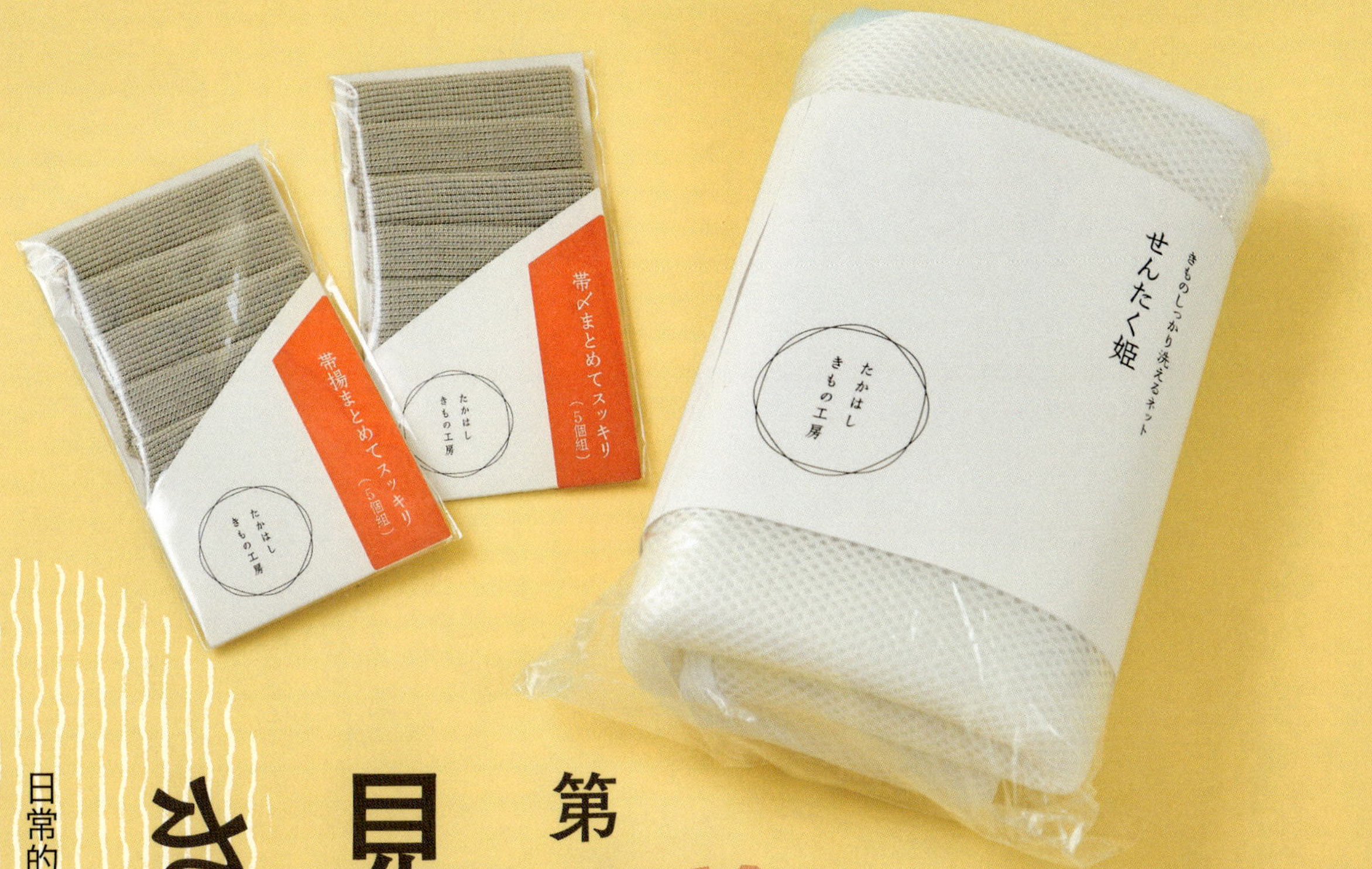

第4章 見返りきもの美人

日常的にきものを楽しむためには、簡単に決まるまとめ髪や、きもののお手入れ、収納のことをカンタンにご紹介します。

\ 教えて女将！ //

帰ってきたら、どうしてる？

ただいま！

まず、着がえます

脱いだきものや帯は、ハンガーにかけて汗をとばします

汚れていないように思っても、意外と汗や皮脂で汚れています。まずはひと晩、ハンガーにつるして汗をとばしましょう。

風をとおして汗をとばしたら、収納する前にササッと汚れなどチェック！

問題なければ、畳んでしまいます

畳みジワに気をつけて、きちんと畳みましょう。

▶畳み方について参考動画はコチラ！

いつまで干してていいの？

干す場所により、きものや帯が日焼けしてしまわないか、また、お使いのハンガーによって肩が伸びる、といった問題がなければ、一ヶ月でも大丈夫です。

ちょっとした汚れは、自宅でお手入れ！

軽い衿汚れなどは、揮発性のリグロインでお手入れしてみましょう。
きものまわりのお手入れについては、こちらの書籍でチェック！

「着物まわりのお手入れ 決定版」（河出書房新社刊）

そっかー。
じゃあ、
いっぱい
着なくちゃ！

シミは、その時、目立たなくても、
あとから浮き出てくることもあるので、
注意しましょう。
毎年、着ていれば問題ないです。
きものは着てこそ耐久性も上がり、
品質を維持できるんですよ。

洗えるものは洗濯します

肌着や足袋などは、ネットへ入れて洗濯機へGO！

汗を吸った肌着や汚れのつきやすい足袋は、ネットに入れて洗濯機へ。洗えるものは、どんどん洗ってしまいましょう。たかはしオリジナル「洗えるメッシュ帯枕 空芯才」なら、帯枕も一緒に洗濯機で洗えます！

毎日、きもの生活の場合は、水をはったバケツに足袋を次々に漬け込んでおいて（黒ずんだ汚れはそこだけ石鹸をつけて予洗いしてから洗濯機に）、まとめて一気に洗う、という方法もアリです。

帯や帯締めは汗をとばすのみ

帯や帯締めは、基本的に洗いませんので、きものと同じくひと晩風をとおして汗をとばしましょう。

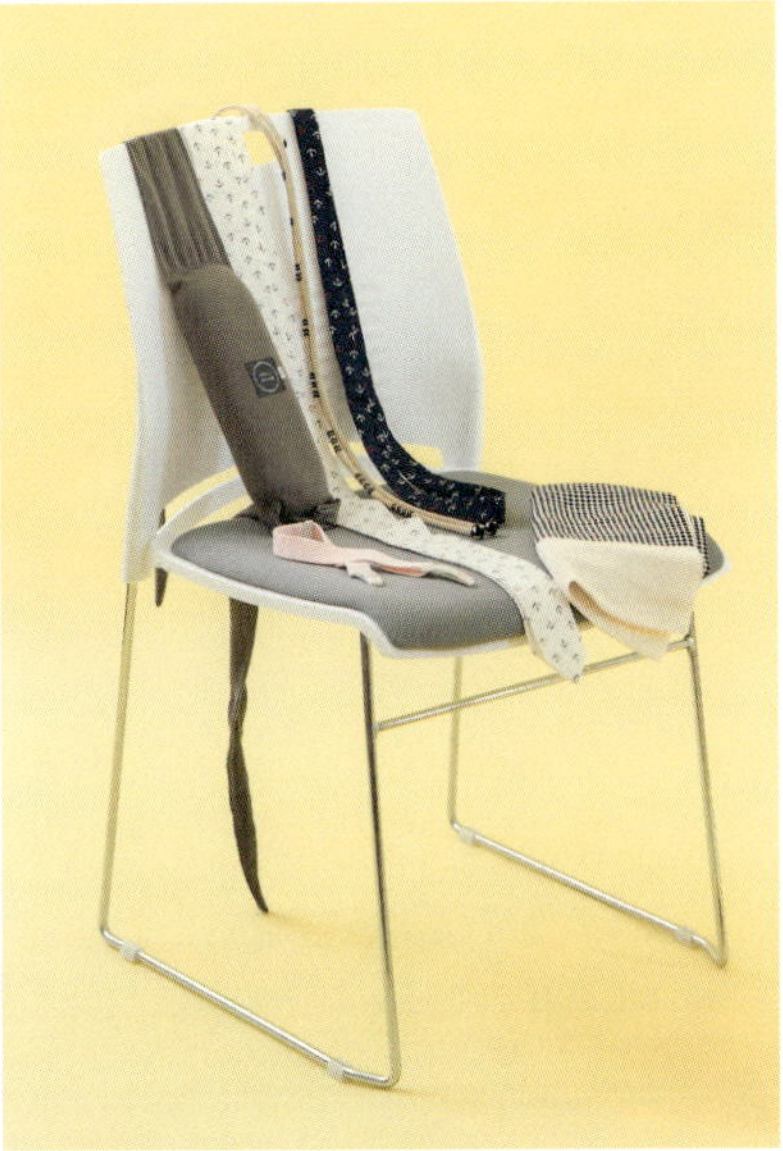

帯揚げは、
シーズン終わりに洗いましょう。
汗だらけですからね。

▶帯揚げの洗い方
参考動画はコチラ！

洗えるきものを自分で洗いましょう

浴衣や単衣きもの、洗えるきものは、こわがらず自分で洗いましょう。汗など水溶性の汚れはクリーニングでは落ちませんよ。

▶足袋の洗い方
参考動画はコチラ！

▶きものの洗い方
参考動画はコチラ！

きもの収納ダイジェスト

きもの沼にはまって気づく、収納問題。きものは長持ちする、と聞くけれど、
どうやったらきれいに、取り出しやすく保管できるんでしょうか？

収納ポイント

防虫より防湿！

正絹のきものに、基本的に虫はきません。ウールのものと一緒にいれておくと、それらにつく虫が、ついでにやってくるのです。正絹のきもので一番の大敵は湿気。まずは、防湿剤をしっかり入れましょう。逆にウールは分けて収納し、しっかり防虫剤を入れましょう。

きものの格によって分けて収納

礼装用と日常着、きものの格によって収納を分けておくと、コーディネートの際に便利です。たとえば、日常に使うきものや帯は取り出しやすい高さに、礼装などたまにしか使わないものは、ちょっと面倒でも高いところに収納しておくとよいでしょう。さらに季節、色などで自分なりにカテゴリー分けし、使いやすい収納をめざしましょう！

畳みジワを回避せよ！

しまっていたきものを取り出したら、変なシワがついていて着られなかった、という経験ありませんか？長くシワがついたままになっていると、シワとりが大変です。畳む際は、しっかりと空気を抜いてシワのないように畳むこと。もし、シワになってしまったらアイロンで整えましょう。

取り出しやすい収納を

キレイに片付けることも大切ですが、取り出しやすくないと結果、着なくなります。日常きものにおいては、億劫にならない収納がとても大切です。

▶アイロン術
参考動画はコチラ！

▶きものハンガー
参考動画はコチラ！

虫干しって、どうするの？

よく「虫干しする」という言葉を聞いたことがあるかと思います。これは、保管している衣類に風をとおし、カビや変色などから大切な衣類を守ることをいいます。
着ることが一番ですが、引き出しを開けて風をとおしてやるだけでも、効果的です。

帯やきものを洗わないで収納して大丈夫なんですか？

洋服のように、毎回、洗う習慣があると、帯などほとんど洗わない、と聞くと驚かれることと思います。しかし洗濯は、汚れを落とすと同時に、生地を傷めてしまうのだ、ということも覚えておきましょう。また、絹は自浄作用のある素晴らしい繊維です。ひどい汚れでない限り、絹はある程度のにおいや汚れから自らを守ります。

私はたとう紙の両脇を、切り取って使っています。

帯締めや帯揚げなどの小物の収納って、なかなか上手にできません…

手を抜くための努力は惜しまないズボラ女将こと髙橋和江の小物収納について、YouTubeでご紹介してます！

女将のリアルな収納術参考動画はコチラ！

収納時に、たとう紙って絶対に必要？

きものや帯を収納する際に、たとう紙に入れてしまうかどうか、意見の分かれるところです。
きちんと収納・保管できるからいいという人、面倒くさい、という人。個人的には、かならず必要なわけではないとは思いますが、引っ張り出す時に、便利という意味で私は使っています。それでもできるだけカンタンに、ということで、たとう紙の横の紙を切り取って、上下に打ち合わせるだけにしています。

消臭スプレーは使っても良いですか？

消臭スプレーから噴出される薬剤を含んだ水分の粒は意外と大きく、きものについてしまうと、点々としたシミになる可能性が高いです。においが気になるなら、まず風をとおしてみてください。正絹ならば、絹の自浄作用が働き、多少のにおいならば風をとおしただけで、軽減されると思います。

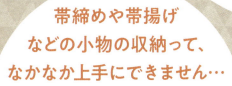

和装にオススメ♪
大人女子のまとめ髪

きものを着る時、髪型をどうするか、も気になるポイント。
髪型が決まらなければ、着付けも台無しです。
理想は、面倒くさくなくて、すぐにできて、形が決まるもの。
本書の撮影ヘアメイクさんが教えてくれた
くるりんぱでカンタンまとめ髪と女将の定番ヘアスタイル
夜会巻きについてご紹介します。

くるりんぱで カンタン まとめ髪

1

髪を後ろにとかして、全体にヘアオイルかワックスをなじませます。後ろでひとつにゴムでくくり、毛先10cmくらいのところでもうひとつゴムで結びます。

2

ひとつめとふたつめのゴムの間の毛束を半分に分けます。

3

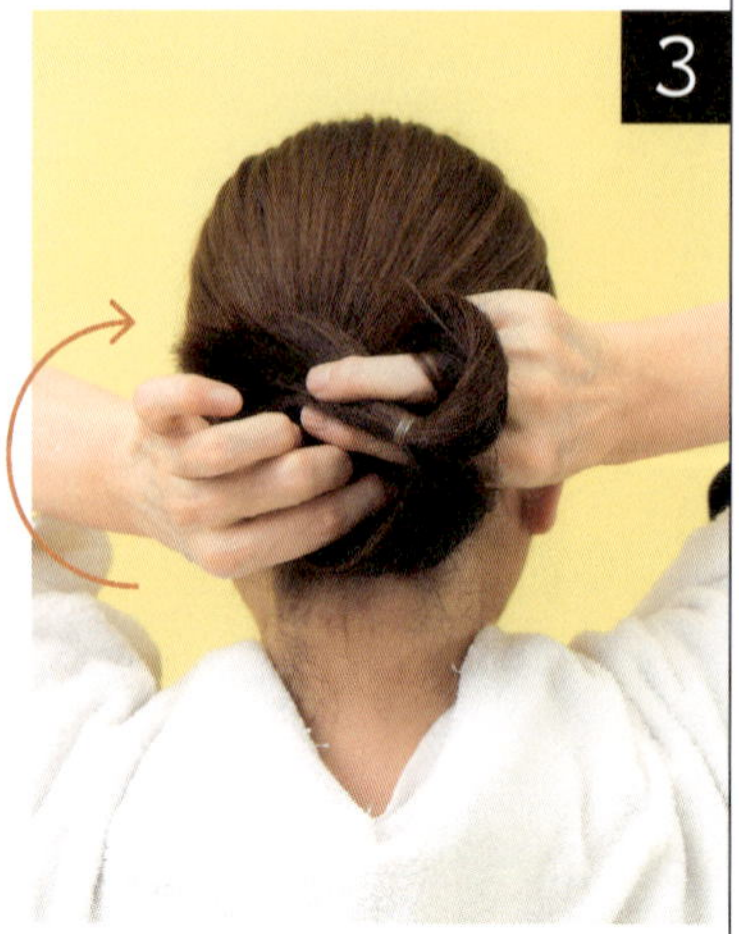

毛束を分けた穴に毛先を外側から入れて、くるりんぱ。同じことをもう一度、繰り返します。

4

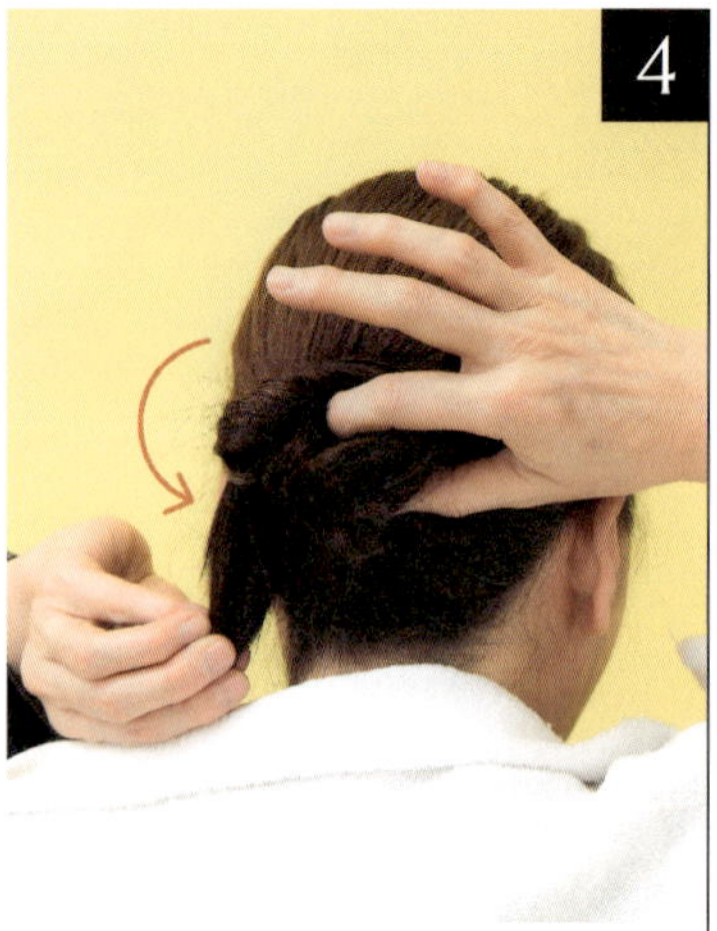

右手で根元をしっかり持って、毛先を巻きつけます。小さいヘアクリップや、ヘアピンで固定。

5

お団子を片手で固定しつつ、何か所か髪を引き出し、ふんわりまとめ髪に。

ちっちゃいヘアクリップは、ヘアピンより簡単にとまるので、便利です。

6

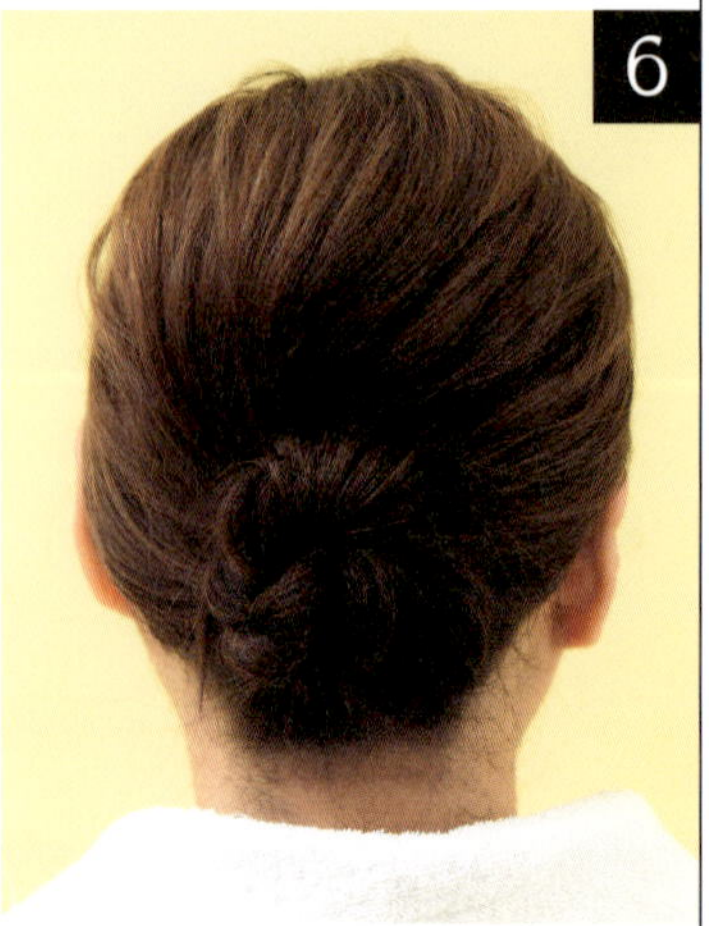

完成！

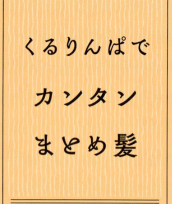

定番！
夜会巻き

参考動画はコチラ！

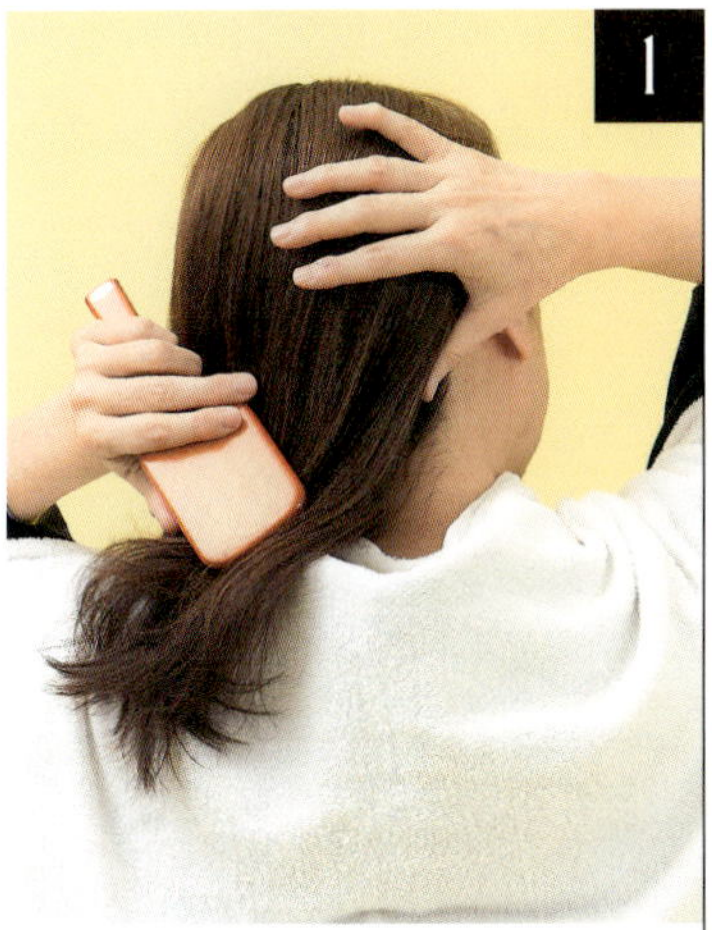

髪を後ろにとかし、全体にヘアオイルかワックスをなじませます。

根元からきっちりとねじりあげます。

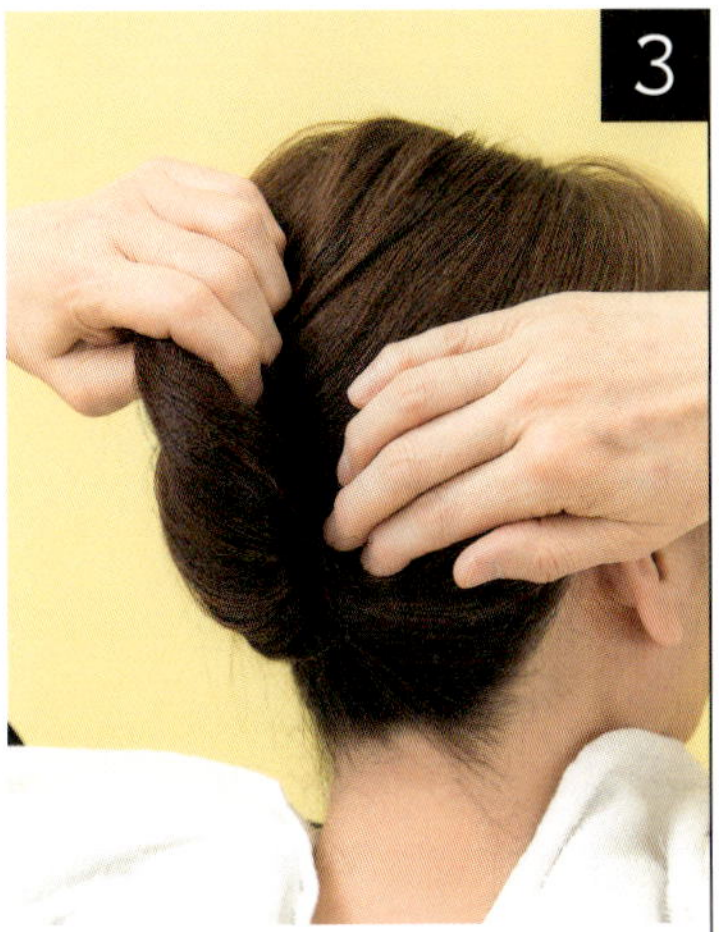

髪が長い場合は折り畳んで内側に入れ込みます。

ヘアコームを左側からコームの内側を表にするように突き刺します。

ヘアコームをパタンと倒して、グッと入れ込み固定。

櫛で表面を整えます。

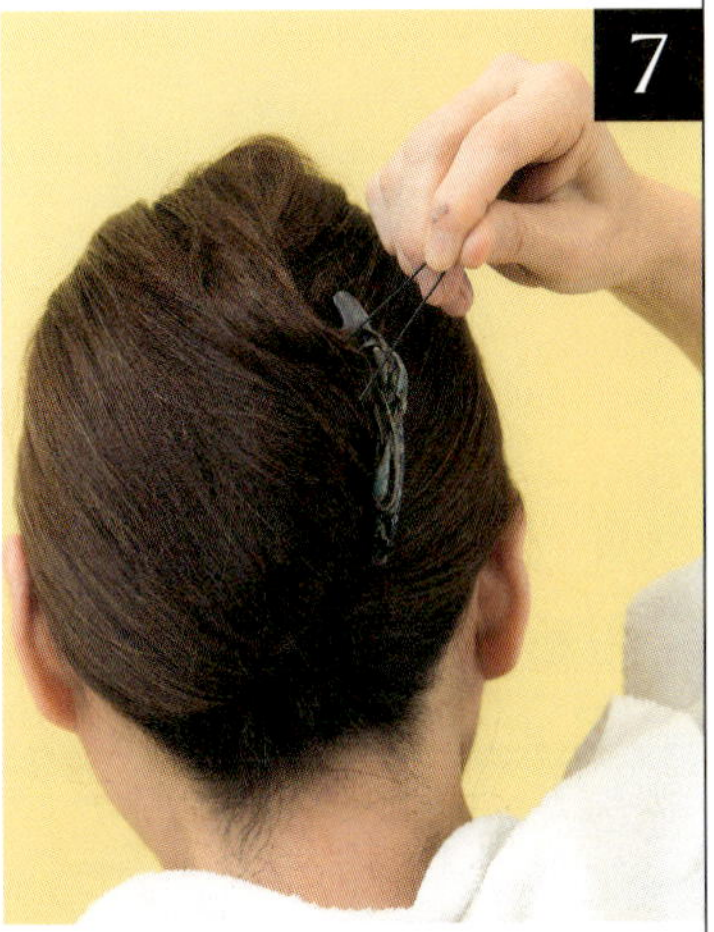

Uピンで飛び出した上部を押さえます。

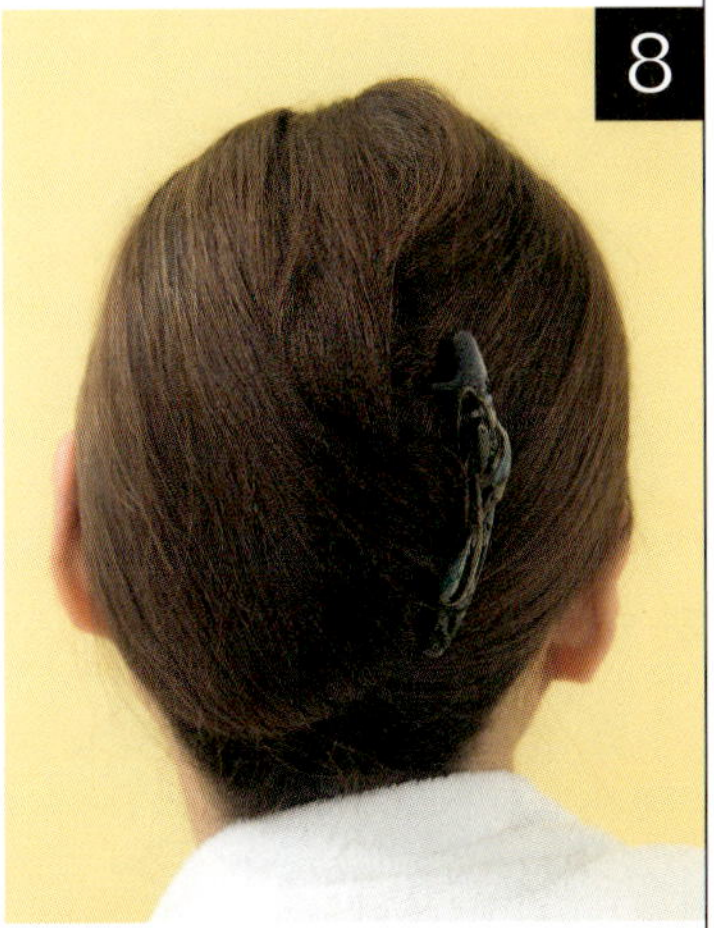

完成！

まず、自分サイズを把握しましょう

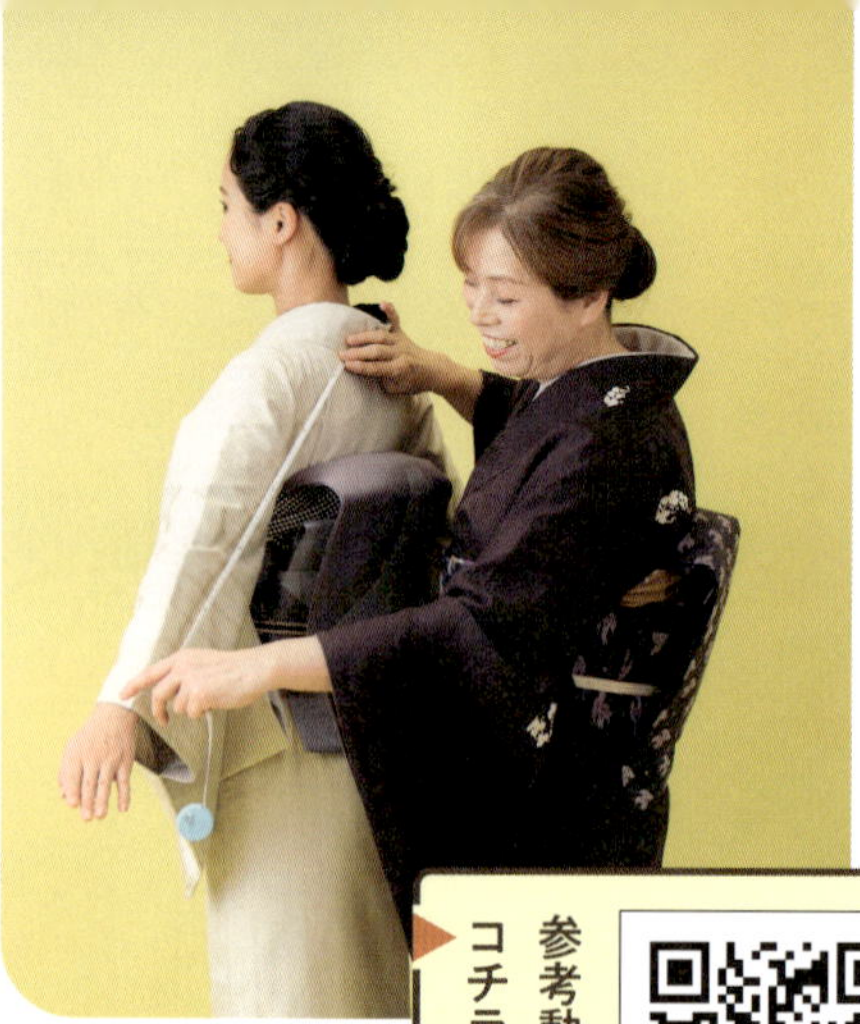

参考動画はコチラ！

Q 自分の寸法って、どうやって決めるの？

A 初めてのきものなら、まずはリサイクルか、家にあるきものからはじめましょう。着付けているうちに着やすい、着にくいを検証することをオススメします。あつえる時には、お手持ちのきもので着やすいものか、サンプルを羽織った上で、お店の方や和裁士さんに寸法を見てもらうことがベストです。体の厚みや肩の張り具合などによっても寸法は変わってくるので、メジャーで測っただけではわからないものです。ご自身の好みなどを把握しながら寸法を固めていきましょう。

マイサイズでないとダメ？

いえ、決してダメではありません。洋服に比べてきものは応用が利くことは確かです。ですが、自分に合った寸法であれば、着付けの手数が数段減りますし、着心地がいいものです。ですから、きものを楽しむなら、寸法のことは丁寧に考えてみてください。

おはしょりが決まらないのも、寸法で解決しますか？

きものがキレイに着られないのは、自分の着付けが下手くそだから、と思い込んでいませんか？

実は、サイズが合っていないきものをスッキリ美しく着るのは技術がいるものです。

自分サイズでない大きいきものだと、おはしょりがぐずぐずになったり、胸元がぶかぶかしたり。寸法が小さいと裾や胸元が開いてしまったり、所作にも制限が出てしまいます。自分のきものでないなら仕方ありませんが、自分のものであればマイサイズがいいですね。大切に着たいきものなら、リサイクルでもお譲りものでも、洗張りをして、マイサイズに仕立て直すといいでしょう。

生地によって、または単衣と袷でサイズは変える？

気温が高くなる季節に着る単衣や浴衣は、風がとおりやすいという意味もあって、袷と比べて少し裄を短めに仕立てることは確かにあります。生地によっても、やわらかいきものは落ち感があり、かたいきものは落ちてこない特質があり、それによっても着心地は変わります。ただ、そこまでこだわるのはかなり着こなせるようになってからでしょうか。

　むしろ、礼装と日常着で袖丈と身丈を変えるということはありです。礼装は長めがエレガントです。逆に、日常着は短めがアクティブで着やすいです。

自分サイズは最低限、どこを把握していたら良いですか？

必要最低限というなら、身丈と身幅、裄を知っておくといいです。とくに日常的にきものを楽しむのなら、おはしょりがちょうどピッタリという身丈を知っていること、同じように裄を覚えていればリサイクルきものを買う時にも便利です。その際、背から測った背身丈か、肩から測った肩身丈なのかも覚えておきましょう。身幅は前幅、後幅、おくみ幅で分けて覚えていればベストです。

仕立てによって、体型カバーはできますか？

できます。たとえば裄。肩幅と袖幅が1：1の場合と比べ、肩幅を狭めて袖幅をその分多くすることで、胸元がスッキリします。ふくよかな方の場合、裾を少しすぼめることや、首の太さや長さに衿まわりの寸法を合わせることで体形はカバーできます。

自分サイズ表

● 衿下（衿止まりから裾まで）
（　　　）cm
● 繰り越し（　　　）cm
● コート丈（　　　）cm
● 羽織丈（　　　）cm

● 帯の長さ
名古屋帯（　　　）cm
袋帯（　　　）cm

裾まわり（　　　）cm

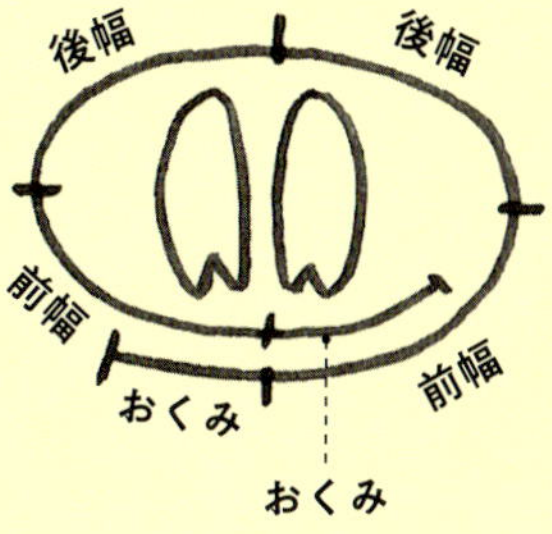

きものナビゲーター　髙橋和江

和装下着ブランド「たかはしきもの工房」代表。気仙沼で京染悉皆のお店を営みつつ、いかにきものを着てもらえるかに特化した持論で着方教室を展開する一方、着る人の目線で開発した機能的な和装肌着や小物の数々で全国的な知名度を得る。2016年、業界の同志と共に一般社団法人きものの未来協議会を立ち上げる。業界一の集客を誇るきものファンイベント「東京キモノショー」と呉服専門店だけを集めた「きものの未来塾」を主宰。

著書に『着物まわりのお手入れ　決定版』『初めてのリサイクル着物　選び方&お手入れお直し』『十人十色の「補整」術』『きものの不安をスッキリ解決！』『衰退産業でヒット商品を生み出す4つの法則』がある。

https://k-takahasi.com

装丁・本文デザイン　若井夏澄、狩野聡子（tri）
イラスト　星わにこ
撮影　KATOMI（P28除く）
着付　須田久美子（花影きもの塾）
モデル　天瀬はつひ
ヘアメイク　梶原まな美（AM international）

動画でわかる！
誰でもカンタン
楽ちん着付け

2024年10月20日　初版印刷
2024年10月30日　初版発行

著　者　髙橋和江
発行者　小野寺優
発行所　株式会社河出書房新社
〒162-8544
東京都新宿区東五軒町2-13
電話　03-3404-1201（営業）
　　　03-3404-8611（編集）
https://www.kawade.co.jp/

印刷・製本　TOPPANクロレ株式会社

Printed in Japan
ISBN 978-4-309-29438-4